广州 广东省博物馆

广东省博物馆名录一览

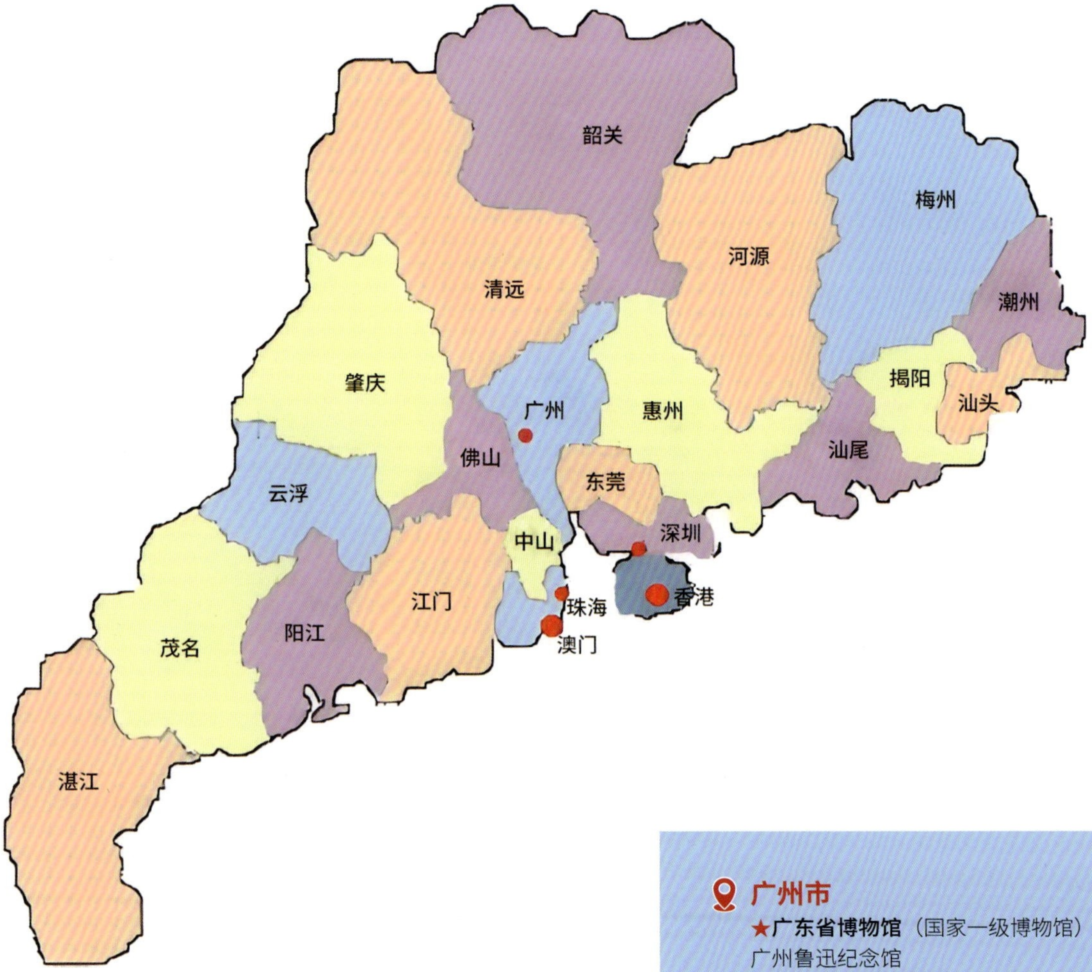

广州市

★**广东省博物馆**（国家一级博物馆）
广州鲁迅纪念馆
廖仲恺何香凝纪念馆
★**广州博物馆**（国家一级博物馆）
★**广州艺术博物院**（广州美术馆）（国家一级博物馆）
★**广东民间工艺博物馆**（陈家祠）（国家一级博物馆）
★**广州近代史博物馆**（广东革命历史博物馆）（国家一级博物馆）
广州农讲所旧址纪念馆
黄埔军校旧址纪念馆
三元里抗英纪念馆
广州起义纪念馆
★**南越王博物院**（国家一级博物馆）
★**辛亥革命纪念馆**（国家一级博物馆）
★**孙中山大元帅府纪念馆**（国家一级博物馆）
中华全国总工会旧址纪念馆
花县洪秀全故居纪念馆
增城县博物馆

深圳市
★**深圳博物馆**（国家一级博物馆）

潮州市
潮州市博物馆
韩文公祠管理所（韩愈纪念馆）

珠海市
珠海市博物馆

东莞市
东莞市博物馆
★**鸦片战争博物馆**（国家一级博物馆）

汕头市
汕头市博物馆

中山市
★**孙中山故居纪念馆**（国家一级博物馆）
中山市博物馆

其他地区
澄海县博物馆
饶平县博物馆
南澳海防史博物馆
潮阳县博物馆
揭阳县博物馆
揭西县博物馆
普宁县博物馆
惠来县博物馆
韶关市博物馆
曲江马坝人博物馆
南雄县博物馆
始兴县博物馆
仁化县博物馆
乐昌县博物馆
乳源瑶族自治县博物馆
翁源县博物馆
河源市博物馆
紫金县博物馆
连平县博物馆
和平县博物馆
龙川县博物馆
梅州市博物馆
★**广东中国客家博物馆**（国家一级博物馆）
兴宁县博物馆
五华县博物馆
丰顺县博物馆
平远县博物馆
蕉岭县博物馆（丘逢甲故居纪念馆）
惠州市博物馆
惠东县博物馆
惠阳县博物馆（叶挺故居纪念馆）
博罗县博物馆
海丰红宫红场旧址纪念馆
海丰县博物馆
★**江门市博物馆**（国家一级博物馆）
台山县博物馆
新会县博物馆
开平县华侨博物馆
恩平县博物馆
铁夫画阁
★**佛山市祖庙博物馆**（国家一级博物馆）
南海县博物馆
顺德县博物馆
★**广东海上丝绸之路博物馆**（国家一级博物馆）
阳春县博物馆
湛江市博物馆
廉江县博物馆部
遂溪县博物馆
海康县博物馆
徐闻县博物馆
茂名市博物馆
电白县博物馆
信宜县博物馆
高州县博物馆
肇庆市博物馆
叶挺独立团团部旧址纪念馆
高要县博物馆
四会县博物馆
广宁县博物馆
封开县博物馆
德庆县博物馆
罗定县博物馆
郁南县博物馆
云浮县博物馆
清远市博物馆
佛冈县博物馆
阳山县博物馆
连县博物馆
连山壮族瑶族自治县博物馆
连南瑶族自治县博物馆

（截止 2024 年度，数据来源广东省人民政府官网。本索引仅供参考，请以官方信息为准。）

和孩子一起爱上博物馆

广东的博物馆

朋朋哥哥◎主编

南方出版社·海口

我在 广东 的博物馆等你，欢迎来打卡盖章！

◎主编寄语

爱上博物馆，
爱上过去、现在与未来

朋朋

嗨，很高兴认识你，我是朋朋哥哥。

你喜欢逛博物馆吗？你知道中国一共有多少家博物馆吗？据统计，全中国在案的博物馆已有 6833 家，并且这个数字还在不断增大！你都知道哪些著名的博物馆呢？像故宫博物院、中国国家博物馆、上海天文馆、广州十三行博物馆、三星堆博物馆、敦煌研究院……这一座座或恢宏或秀美的建筑，珍藏着一件件精美绝伦的国宝文物，给观众讲述了一段段引人遐思的历史往事，或解读了一条条生动有趣的科普知识或奇闻轶事。走进博物馆，你就像观摩这里人类居住发展的动态影像，在知识殿堂的璀璨星空下，将时空交汇的画卷缓缓展开……相信爱思考爱探索的你，一定会因为这些神奇的博物馆，爱上它们所在的土地，爱上根植在这片土地上的伟大文化与历史。

有人说，博物馆的魅力在于可以“一器一典管窥古韵，方寸之间尽览千年”。通过这套小书，我要告诉你，博物馆远比过去你印象中的样子更加鲜活、热闹、多姿多彩，也更有意思。我们用精美的手绘插图，为你高度还原了展柜中美丽独特的文物；用宏观系统的科学视角，为你设计了新颖实用的参观线路；用幽默亲切的提问互动，引导你兴致盎然地孜孜探索。跟随这套小书，你将走进中国每个省级行政区内最具有代表性的十大博物馆，参观常设展和主题馆，打卡镇馆之宝，直观感知当地发展的历史文化脉络，沉浸式品味组成当地历史、人文、艺术、自然、科学等元素发出的灿烂光辉。美观舒朗的排版，别具匠心的体例设置，助你轻松找到获取知识的方法和路线，更能带你开启不同以往的博物馆之旅。

空间上看中国、看世界，时间上翻阅历史、感知当下、探索未来。这套小书带你“一眼千年”，将浓缩的历史文化精华尽收眼底。

来吧，和我一起前往博物馆，寻踪璀璨的民族文化，汲取厚重坚定的力量，迈向属于我们的光明未来 。

发现宝藏博物馆

规划逛展研学路线

参观前知识储备

打卡珍贵国宝

实用展馆信息

广东的博物馆的数量和质量均居全国前列，这里汇聚了许多宝藏博物馆，充分展现广东独特的历史文化特色。岭南风物，粤山秀水，走进广东的博物馆，你将感受到文化的融合、历史的沉淀与人们对可持续发展的展望。

轻翻书页，老广人文风情如清新的浪花扑面而来：广宁玉雕白切鸡绽放非遗技艺的光芒，“南海一号”满载海上丝路的星辉，广彩莲花碗记录十三行的繁华……这扇“岭南之窗”以文物为舟楫，摆渡千年江海文明，让你在触摸潮汐暗符时，读懂珠江口吞吐天下的开放密码。

来吧，和我一起走进**广东的博物馆**，开启趣味无穷的研学之旅！

目录

广东省博物馆

——百越之地，千年岭南的艺术与智慧

广东省博物馆位于广州市，是一家集文物展览、历史研究、科普教育、文化交流等功能于一体的综合性博物馆。博物馆是大名鼎鼎的建筑师何镜堂设计的，外观造型现代感十足，已经成为广州的文化标志之一。

博物馆里有许多展厅，有的是固定的，有的是临时的，里面展示的宝贝亘古通今，展示了广东省的历史文化、自然生态、艺术精华等。具体来说，这里有陶瓷、青铜器、书画、革命文物、民族民俗文物等各种藏品。广东省博物馆还经常举办教育和文化交流活动如讲座等，目的是让人们对广东的文化多一些了解。

这里不仅是了解包括广东在内的中国南方历史文化的好地方，更是广州乃至全国的文化交流中心，吸引了许多国内外游客前来参观学习。

我的博物馆笔记

广东省博物馆

英文名：Guangdong Museum

地址：广东省广州市天河区珠江新城珠江东路2号

开放时间：周二至周日9:00~17:00（16:00停止入场），周一闭馆，法定节假日除外

门票：常规陈列展免费，游客须通过“广东省博物馆”公众号实名制预约。特展、临展收费情况不定

馆藏精品：广宁玉雕鸡、青玉镂雕龙穿牡丹钮、千金猴王砚、金漆木雕大神龛、行书《陋室铭》卷、北宋木雕罗汉像、《广州港全景图》、元青花人物故事瓷器等

温馨提示：广东省博物馆实行全员（含儿童）分时段实名制预约参观制度，请在官方渠道进行预约，预约仅当天当次有效

参观路线：

千年岭南文化一览

精彩看点：“粤”光宝盒里的千年岭南史；琳琅满目的木雕和陶瓷

我的心情：“白切鸡”看得我好饿……

历史文物区

西周·信宜铜盉（hé）

出土于广东信宜，是在广东省发现的首个西周青铜盉。铜盉的出土为研究中国岭南地区秦汉以前的历史和文化提供了实物资料。铜盉造型新颖、纹饰精细，为广东省出土的最精美的青铜器之一。

明·德化窑瓷塑负书罗汉立像

德化窑位于福建德化县，以优质的瓷土和便捷的交通闻名，它也是中国南方著名的“瓷都”。这尊17厘米高的罗汉雕像，涂有乳白色釉，质感细腻，形象生动。其背面篆刻有“德化”和“何朝宗印”字样。雕像为空心，底座宽0.5厘米，内壁为半圆形，孔径2.5至3.5厘米，内壁全釉。雕像制作精细，线条流畅，但部分区域有损坏。

清·广彩人物双耳盖盅

广彩全称为广州织金彩瓷，是清雍正、乾隆时期出现的一种专门出口外国的瓷器。广彩瓷器上绘制的主题通常为清朝人的庭院生活。

元·雷州窑釉下褐彩凤鸟纹荷叶盖罐

这是一件元代的瓷器，它的胎是灰色的，口是直的，肩部圆润，肚子鼓鼓的，上面还盖了一个荷叶形状的盖子。它的外面涂了一层青色的釉，釉下面有棕色的彩绘，画了五层花纹，有两只飞着的凤凰、几只喜鹊和一些缠绕的菊花图案。盖子顶上还有波浪形的花纹和两层莲花瓣。

自然资源区

广宁玉雕白切鸡

广宁玉，也叫广绿玉或者广东绿，主要出产于广东肇庆市广宁县。这种石头是绢云母岩质的玉石，是花岗岩在地质作用下被热水溶液侵蚀和水化作用形成的。广宁玉雕的工艺从一开始简单的打磨，发展到现在可以雕刻得很精细，已经形成了很成熟的玉雕技术体系。这件“白切鸡”雕刻得栩栩如生，整个身体晶莹剔透，闪烁着玉石的光泽。

小剧场

看到白切鸡玉雕，我和猫咪都走不动道了。哇啊！我刚想问那是什么，只听它自己“开口说话”了。

白切鸡玉雕：“在下白切鸡！什么？没听说过？我可是广东省省菜好不好！喂喂喂，你这只呆猫！你在干什么！”

三叠纪·海百合化石

这件展品来自贵州，非常珍贵，位于广东省博物馆的自然展厅里。海百合是一种生活在海洋里的生物，属于棘皮动物。这块海百合化石有 7.8 米长，3.5 米宽，它是目前国内博物馆展出的海百合化石中最大的，也是保存得最完整的。

书画和民间工艺区

清·外销画《广州港全景图》

外销画是 18、19 世纪中国画师采用西洋技法绘制的外销艺术品，题材以广东省的自然风物、市井风情为主。这幅广州港全景图长 2 米，描绘了从沙面、十三行商馆区直至大沙头附近的东水炮台一带珠江北岸的广阔图景，是已知的国内最大外销画，堪称清代广州的手绘照片、珠江版的“清明上河图”。

清·石湾窑素胎金丝猫

这件作品由黄炳制作，他是清代后期石湾陶塑名家。该作品采用泥胎烧成后的自然色呈现金丝猫的毛色，把猫捉老鼠的瞬间神态表现得活灵活现，栩栩如生。

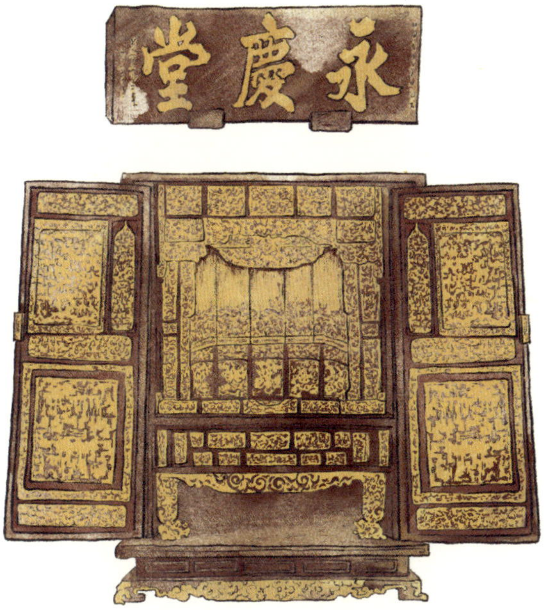

清·光绪千金猴王砚

这是一块用名贵的端溪老坑大西洞石做成的砚台，上面有各种好看的纹理，比如像鱼脑一样的冻纹，以及火捺、青花和金线。砚台中间有个地方看起来像猕猴，周围还有红色的火捺，让猕猴看起来特别逼真。砚台的边缘和背面都刻着山峰、流水和桃树，还有用隶书写的字。

清·金漆木雕大神龛

神龛是潮汕人用来放置祖先牌位的特别家具，有大有小，大的叫神龛，小的叫椟仔，形态庄严，做工精细，是潮州木雕里最讲究的一种。这个大神龛有 3.28 米高，是目前所有形制中最大的。

广州十三行博物馆

——商船的风帆镌刻丝路繁华

广州十三行博物馆简直就是历史迷的天堂！这里不仅有海量的珍贵文献和史料，还有来自世界各地的文物宝贝，它们联手给你上演了一场“穿越”大戏，带你回到那个商贾云集、热闹非凡的十三行时代。

小科普：什么是“十三行”？

广州十三行是清政府设立在广州口岸的特许经营进出口贸易的洋货行。“十三行”是沿袭明代的旧称，到清代乾隆年间，广州已有洋行 26 家，故“十三行”只是形容最兴盛的 13 家，并不是说只有 13 家洋行。

我的博物馆笔记

广州十三行博物馆

英文名： Guangzhou Thirteen Hongs Museum

地址： 广东省广州市荔湾区西堤二马路 37 号广州文化公园

开放时间： 9:00~17:30（17:00 时停止发放门票），周一闭馆

门票： 凭有效证件免费兑票入场

馆藏精品： 广彩开光花卉人物纹冰壶、广彩洋人远航图大碗、象牙雕扇骨彩绘港湾贴象牙面人物纹折扇

参观路线：

一层：清代广州十三行历史展

二层：王恒、冯杰伉俪捐赠藏品展

精彩看点： “广彩洋人远航图大碗”背后的爱情故事；神奇的通草画等

我的心情： 这里曾经一定超级繁华！好想亲眼看看！真的不考虑出文创产品吗？

一个十三行，半部广州史

历史的车轮滚滚向前，十三行不仅见证了广州的繁荣与辉煌，也被认为是中国与世界交流的重要桥梁。在这里，东西方文化碰撞融合，产生了无数令人惊叹的艺术品，它们不仅是匠人心血的结晶，更是那个时代社会风貌和审美趣味的真实写照。

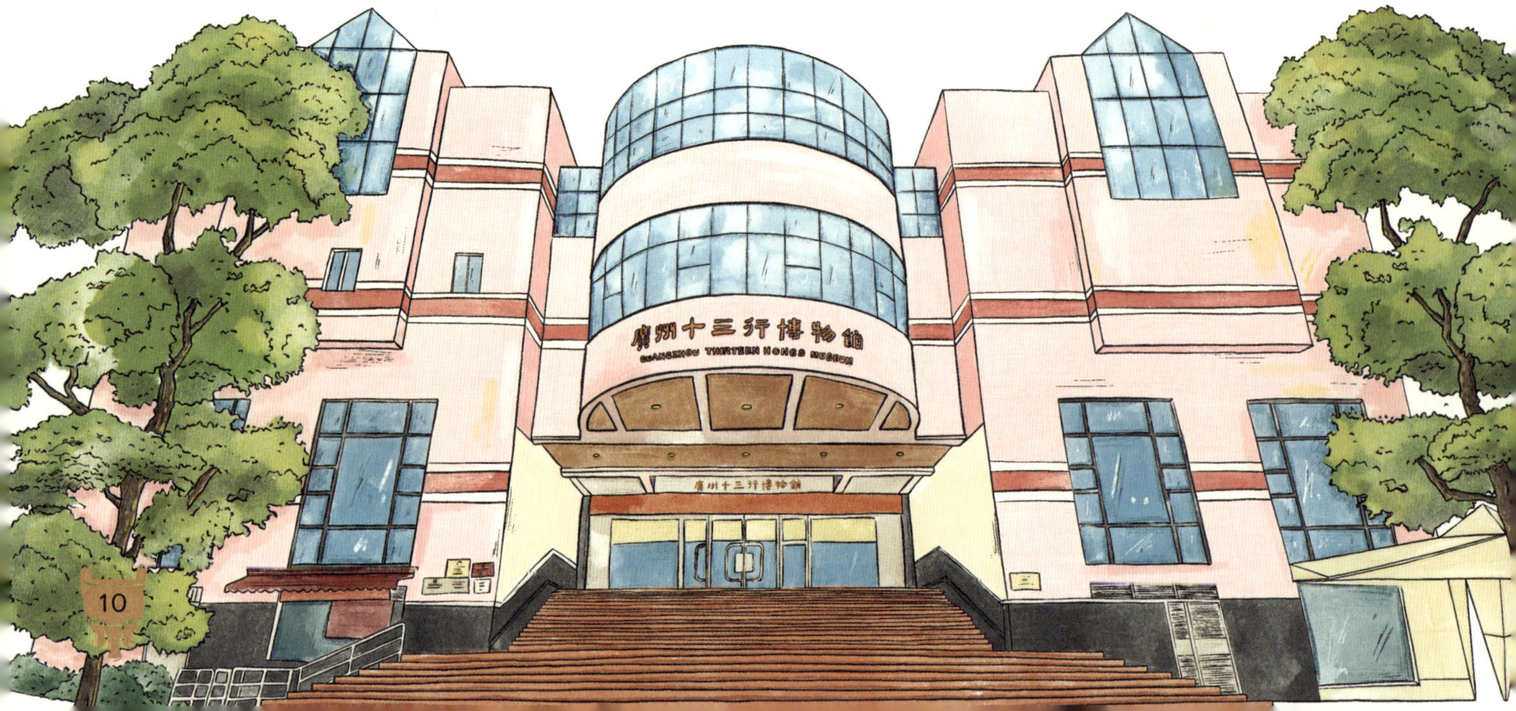

请注意：上面的广州英语是当时的人为了贸易交流所用，本身存在很多错误，小朋友们不可按它来学。

在对外贸易交往中，广州人和“西洋人”对话所使用的语言后来逐渐发展成了“广州英语”。据《清朝洋商密档》记载，一个美国商人欠了怡和行伍秉鉴7.2万银圆，没有能力偿还，伍秉鉴把借据撕掉时，与商人对话使用的就是“广州英语”。

在十三行的辉煌时期，广州成为世界的焦点，无数商人和探险家慕名而来，他们带来了异国他乡的珍奇物品，也带走了无数的东方瑰宝。这种频繁的贸易往来，不仅促进了东西方商品和技术的交流，更推动了文化的传播和融合，使得广州成为一个名副其实的“万国商都”。

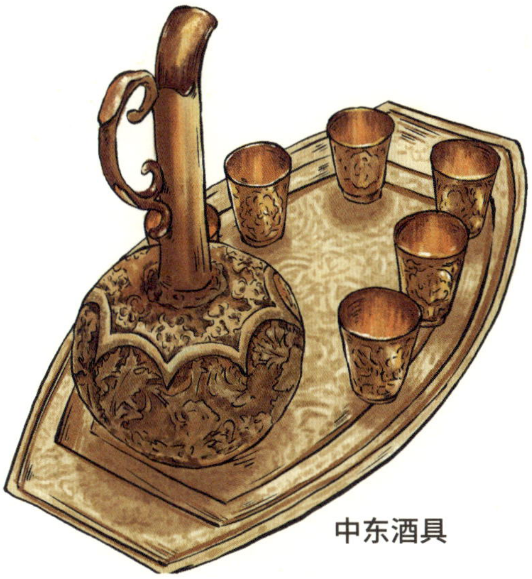

中东酒具

银海珠公园模型

然而，历史的进程总是充满了波折和变数，十三行的辉煌逐渐成为历史记忆。即便如此，十三行在广州乃至中国历史上的地位仍是不可磨灭的，它为我们留下了宝贵的文化遗产和历史经验。

如今，当我们再次走进十三行博物馆，那些精美的艺术品仿佛穿越时空而来，让我们能够近距离地感受到那个时代的风貌和气息。

广彩莲花碗

赛马奖杯

十三行的辉煌过往

位于一层的十三行历史展分为开海设关、十三行风貌、十三行行商、十三行贸易、中西汇流、走向近代六个部分，详细讲述了当时中外贸易的运作机制和十三行的起落盛衰。

十三行商船出口贸易码货

当年的货船将中国货物运输到海外时，就是这样摆放货物的：下层放陶瓷，中间放茶叶，丝绸放在最上面。

二、十三行风貌

十三行出现于明朝，位于广州城西珠江边，清朝在此设置洋行、外国商馆经营出口贸易。

一、开海设关

清康熙二十三年，康熙皇帝下令开放海上贸易，特意在东南沿海设立了粤、闽、江、浙四个海关专门管理海上贸易。到了乾隆二十二年，乾隆皇帝宣布实行“一口通商”政策，广州十三行成为中国与世界贸易的唯一窗口。由此奠定了广州在海上丝绸之路上的重要地位。

三、十三行行商

清朝时，十三行的商人为贸易代理人，负责管理中国跟外国人的生意。当时十三行最有名的商人的是潘、卢、伍、叶这四家。

十三行商船

这些商船曾是海上丝绸之路上的骄傲，它们乘风破浪，满载着丝绸、瓷器与茶叶，驶向遥远的国度，带回了西方的奇珍异宝。

六、走向近代

19 世纪以后，资本主义国家殖民扩张政策与清政府闭关锁国政策的矛盾日益加剧。1840 年，英国发动了侵略中国的第一次鸦片战争。1842 年，中英签订了中国近代史上第一个不平等条约——《南京条约》，清政府实行广州对欧美一口通商的贸易体制从此终结。

十三行港口风貌

四、十三行贸易

自从开放了海上贸易，特别是广州和欧美国家之间的贸易之后，所有要进出口的东西都先运到广州来，然后商人们就在十三行做买卖。出口的商品有茶叶、丝绸、瓷器、棉布、中药材。进口的商品主要是毛皮、毛织品、木材、胡椒和西洋参等。

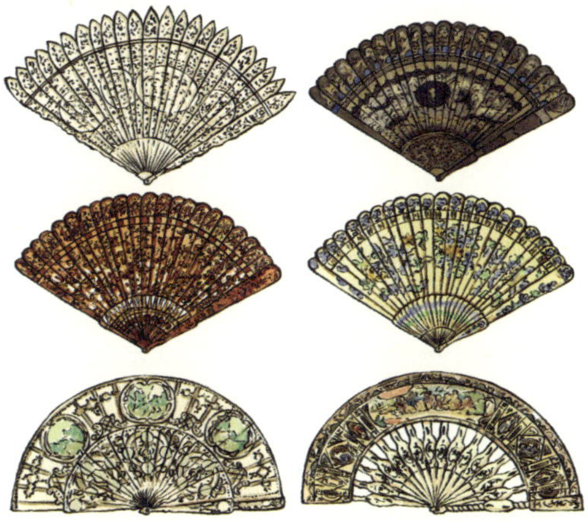

精美绝伦的外销扇

18世纪前后，广州生产的外销扇风靡欧美，欧洲上流社会的贵妇、少女们以手执极具东方情趣的精巧扇子为时尚，甚至利用扇子作为社交场合的道具，形成了一套流行于西方的扇语。如左手拿着扇子放在脸前慢慢扇动，是“想认识你”的意思。

镇馆之宝——广彩洋人远航图大碗

碗的中心标有年份“1757”——1757年正是清政府保留广州作为唯一对欧美通商口岸、拉开十三行辉煌序幕的时候。这件广彩瓷就是当时外国商人抵达广州后私人订制的纪念品，碗内有英文写着“亲爱的伊丽莎白”——相传这是一位商人送给自己爱人的礼物。

五、中西汇流

开通海上贸易的同时，清政府重视招揽西学之士，广州逐渐成为中外关系通道、东西文化窗口，是“东学西传”“西学东渐”的前沿地，在中国与世界的经济文化交流中占据了重要地位。

墨彩描金西方女性图碟

影木制六角雪茄架

黑漆描金人物纹国际象棋棋盘

通草水彩园景仕女图《百花亭》

王恒、冯杰伉俪捐赠藏品展

这个展区摆满了广州大收藏家、迪士普音响公司董事长王恒和他夫人多年来的珍藏——清代十三行的宝贝。这些文物五花八门，有美轮美奂的广州彩瓷、栩栩如生的通草画、绣工精细的广绣，还有雕刻精美的象牙制品。这些文物就像是一部活生生的十三行历史文化纪录片，给研究人员提供了大量珍贵的资料。

银錾刻人物故事龙纹柄啤酒杯

一、金银器

十三行凭借广州港口贸易的地理优势和政治条件，应海外市场需求，生产制作了一大批专供外销的银器，引领了 18、19 世纪中国外销银器生产制作风潮。

中国外销银器的制作工艺十分复杂，常见工艺有锤揲、錾刻、花丝、鎏金、镀金、烧珐琅、镶嵌、镂空等。

铜胎银刻浮雕珐琅彩开光花卉纹方形盖罐

镀金开光双龙纹名片盒

镂空套玻璃酒瓶

银黄包车形调味罐

二、纺织品

广绣是珠三角民间刺绣工艺总称，与苏绣、湘绣、蜀绣齐名。其历史久远，唐代已有记载。清代广绣以日用品和装饰品为主，远销海外，深受西方国家喜爱。十三行博物馆馆藏广绣作品包括清中、清末、中华民国时期及 20 世纪出口广绣，形式涵盖服饰、屏风、外销扇等，展现了广绣针艺精湛、色彩绚丽之美。

广绣花鸟纹绣球

白缎地广绣百鸟纹对襟长氅衣

黑漆描金庭院人物纹广绣黑缎地百鸟图插屏

三、骨甲牙器

广州牙雕，即南派牙雕，是以象牙为原材料的传统手工技艺，有两千多年历史。广州牙雕凭镶嵌、雕刻、编织三大技法享誉全国。宋代广州工匠能制三层可转动的“鬼工球”。清代以来，广州牙雕在出口、宫廷进贡及民间消费上均居全国之首，20 世纪初更是名扬海外。

十六层象牙球连牙座

特别关注

牙雕虽然精美，但保护大象更重要哦！没有买卖就没有杀害！

南越王博物院

——千年岭南王陵探秘

南越王博物院是建立在南越国重要考古发现基础上的一个大型博物馆，分为南越王墓和南越王宫两部分。这两处遗址展示了秦汉时期，岭南地区在政治、经济和文化上的发展历史。这两处遗址都是国家级的重点文物保护单位，还被选入“百年百大考古发现”呢。以这两处遗址为基础的“南越国遗迹”和“海上丝绸之路”项目，先后入选中国申报世界文化遗产的预备名单。

南越王博物院里有好几个固定的展览，比如“南越藏珍”“岭南两千年中心地”“秦汉南疆”和“杨永德伉俪捐赠藏枕专题陈列”，还有各种临时的特别展览。它承载着岭南文化两千多年的历史，是中华文明多元一体的重要见证，也是大家了解广州，感受人文湾区的一个文化窗口。

我的博物馆笔记

南越王博物院

英文名：Nanyue King Museum

地址：广东省广州市越秀区解放北路 867 号（王墓展区）

广东省广州市越秀区中山四路 316 号（王宫展区）

开放时间：周二至周日 9:00~17:30（17:00 停止售票及进场）。

逢周一闭馆，遇国家法定假期正常开放

门票：王宫展区免费；王墓展区全价票 10 元，半价票 5 元

馆藏精品：文帝行玺龙钮金印、透雕龙凤纹重环玉佩、丝缕玉衣等

参观路线

我的心情：

古墓探险！玩的就是心跳！

永久禁止出国的文物——亲眼见到真正的国宝啦！

温馨提示：

陵墓地宫设有墓穴原址展区，博物馆视天气和客流量等情况决定游客能否下墓参观。强烈建议工作日前往，人少的日子开放的频率更高哦！

古墓探秘：南越王的陵墓地宫

南越文王墓是南越国第二代王赵眛的陵墓，位于象岗山内，坐北朝南。墓室用红砂岩建成，呈“士”字形，模仿古代“前堂后寝”格局，有七个房间。这是岭南地区最大的汉代彩绘石室墓，陪葬品丰富，保存完好。这些文物对研究岭南历史、秦汉考古和海上丝绸之路起源很重要。墓中陪葬品包括礼器、兵器、日用品、装饰品等，材质多样。除墓主遗骸外，考古学家还发现了15处人殉葬的痕迹。

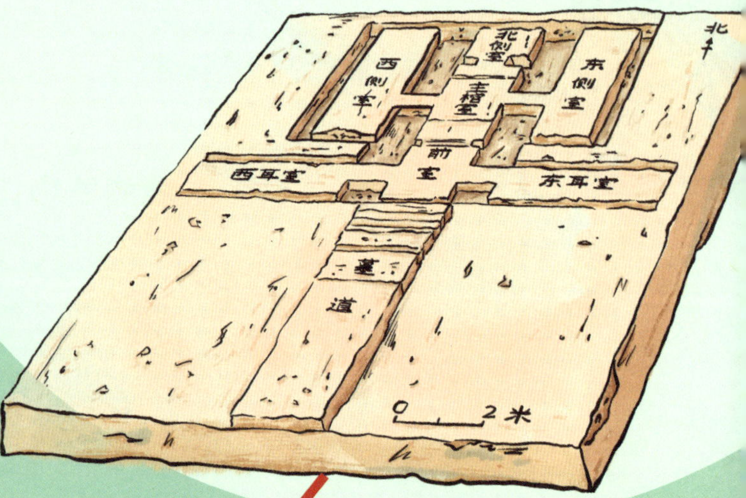

小剧场

提起殉葬，爸爸对我说：“中国古人有‘事死如事生’的理念，你看南越文王墓室虽小，但随葬品涉及了生活中的方方面面，经过推测，殉葬的人应该是他生前的姬妾、侍御、杂役和徒隶。虽然这种习俗非常残忍，但也是历史的真实写照。”

你怎么看呢？

“文帝行玺”龙钮金印

出土于墓主胸部位置。含金量达到98%。印面阴刻“文帝行玺”四个字，应是南越文王发布命令的官印。“文帝行玺”金印是中国目前考古发现的最大的一枚西汉金印，也是唯一的汉代龙钮帝玺。

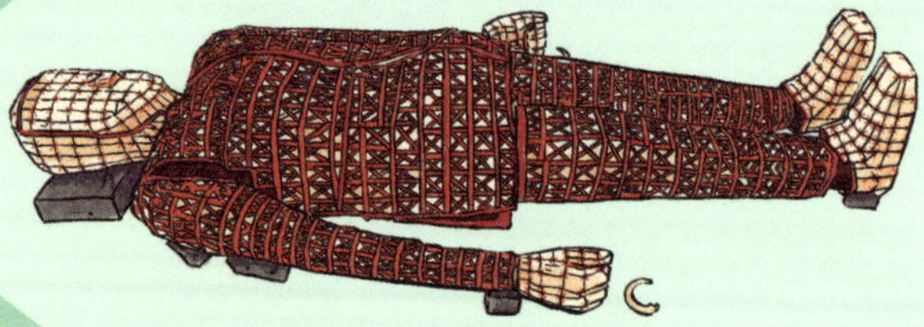

丝缕玉衣

玉衣又称“玉匣”，是汉代帝王和高级贵族去世后穿用的敛服。以玉衣作敛装的习俗在历史上曾经风行了三百余年。目前中国考古出土的完整玉衣有十几套，南越王的丝缕玉衣是中国迄今所见的年代最早的一套形制完备的玉衣。玉衣长1.73米，共用了2291片玉，用丝线穿系和麻布粘贴编缀做成，分为头套、上身衣、袖套、手套、裤筒和鞋六部分。

透雕龙凤纹重环玉佩

出土于墓主右眼位置，青白玉雕成，土沁呈黄白色。在设计上，玉佩分为内外两圈，内圈透雕一条游龙，外圈透雕一只凤鸟，站在龙的前爪之上。这件玉佩雕镂精细，构图完美和谐，主次分明，是汉代玉器中不可多得的艺术珍品。

墓主人组玉佩

在南越文王的墓里挖出了十一套玉佩，其中墓主人的那套最漂亮。专家们通过观察玉佩的样式、位置和留下的丝带痕迹，把墓主人的玉衣佩饰给复原了。这套佩饰包括四件大玉佩、四个小玉人、五颗玉珠、四颗玻璃珠、两颗煤精珠、十颗金珠、一个壶形玉饰、一个兽头形玉饰和一个玉环套，色彩斑斓，华丽珍贵。

犀角形玉杯

玉杯为青玉质，半透明，局部有红褐浸斑。仿犀角形，中空。口呈椭圆形，往下渐收束，近底处成卷索形回缠于器身下部。纹饰自口沿处起为一立姿夔龙向后展开，纹饰绕着器身回环卷缠。由于形制极其稀有且结构脆弱，这件犀角形玉杯被列为永久禁止出国展出的文物之一。

错金铭文铜虎节

全器铸成一头蹲踞状的老虎。虎节正面有错金铭文“王命车驲（rì）”，并镶以二十七片弯叶形金箔片作虎斑纹。背面无文字，贴三十三片金箔。传世有龙节、虎节，殆为楚器。南越文王墓所出之虎节，形制字体与传世之龙节、虎节全同，很可能是南越王仿楚器铸制，也不排除原为楚器因故流入岭南的可能性。

铜印花板模

这两件印板是在丝织物上印染图案的工具。在西耳室出土的丝织品中发现了与印板图案相同的印花织物。根据对比分析，小的一件应为印花时的定位纹板，大的一件应为主纹板。这套铜印花板模被认为是目前发现的世界纺织史上最早的一套彩色套印工具，为研究 2000 多年前的岭南纺织业提供了极为重要的实物资料。

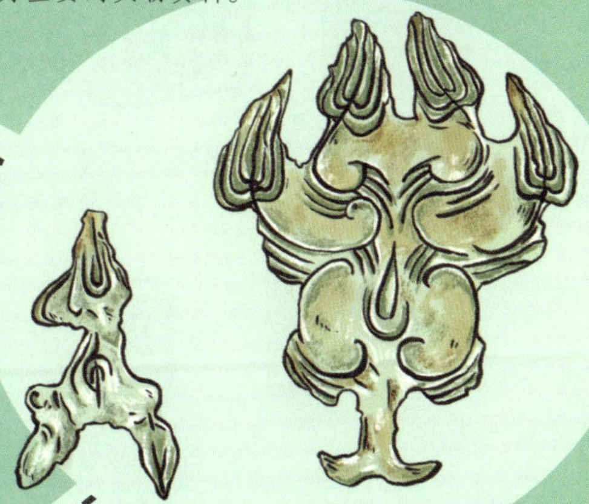

圆雕玉舞人

在各地出土的汉代玉舞人中，南越王墓的这一件，造型和舞姿都与众不同。一般玉舞人是平板线刻的，通俗来讲就是“2D 版”，但这件是“3D 版”，是出土的汉代玉舞人中首见的圆雕作品。虽然尺寸十分“迷你”，高度和宽度都只有 3.5 厘米，厚度仅 1 厘米，在展厅里需要用放大镜才能看清，工匠采用了立体雕刻的技法，将南越国女子翩翩起舞的绝美瞬间，展现得淋漓尽致。

西汉鎏金仪仗饰

这些仪仗用器出土于墓道，昭示着墓主人的威严。出土时木制仗柄已朽毁，仅存仗顶端的铜饰和仗末的铜镦。

南越王宫

曲流石渠精彩看点之一，“弯月形”水池，此处原有一座水榭建筑，也出土了大量龟鳖遗骸。

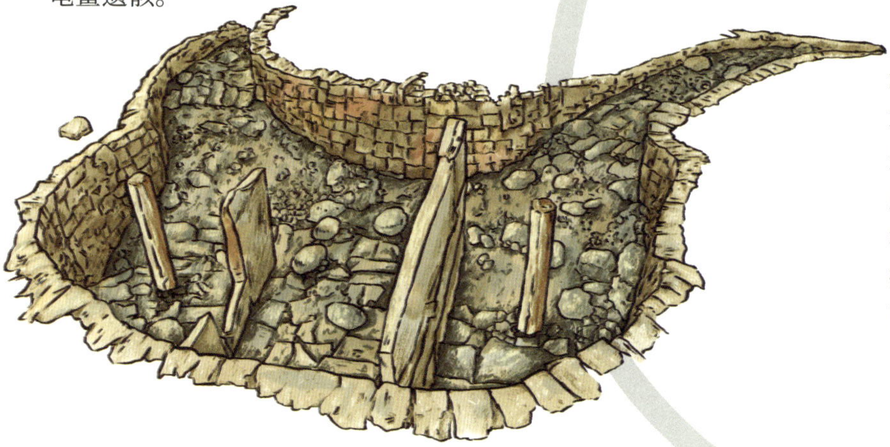

2004 年底，在南越国宫署遗址的一口水井内清理出百余枚木简，简文涉及籍簿和法律文书，是南越王宫的纪事档案，简文中所见的职官、郡置、民俗、果木培植等内容，为研究南越国历史提供了第一手文字资料，堪称“岭南第一简”。

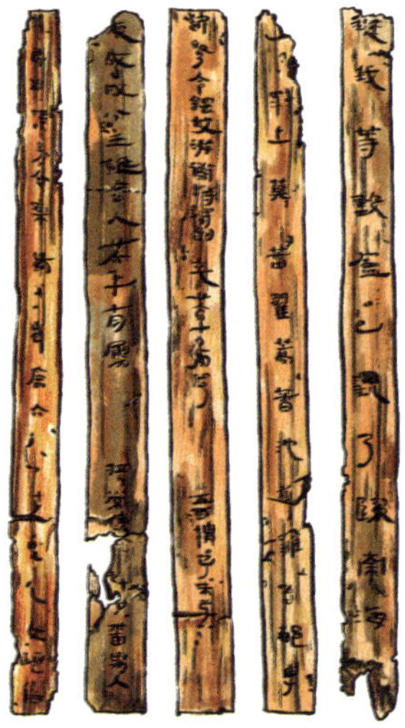

“秦砖汉瓦”是中国建筑技术在秦汉时期达到高峰的代称，在宫殿建筑中砖瓦已普遍使用。南越国建筑材料形体大、规格多样、胎质坚致、制作精良。

印花大方砖

熊饰空心砖

“万岁”瓦当

云箭纹瓦当

南汉王宫

据《南汉书》记载，南汉宫殿“以金为仰阳，银为地面，榱桷皆饰以银；下设水渠，浸以真珠；琢水晶、琥珀为日月，分列东西楼上。”这些描述虽是夸张之辞，但考古发现的南汉国宫殿遗迹密集，规模宏大，建筑材料精美，从中可领略昔日王宫的雄伟华丽。

蝶恋花纹方砖

黄釉莲花纹方砖

绿釉筒瓦

青釉兽面纹瓦当

黄釉鸱吻

龙道形鸱吻

南汉刘氏在岭南立国期间，积极发展海上交通和对外贸易。在广州的南汉王宫遗址和南汉王陵中，均有来自异域的珍宝出土。1997 年，在印度尼西亚海域打捞出一艘商船，船上载有不少南汉国库银和“乾亨重宝”钱币。考古和文献资料表明，南汉时广州与南海和印度洋等地有固定的海上航线进行越洋贸易。

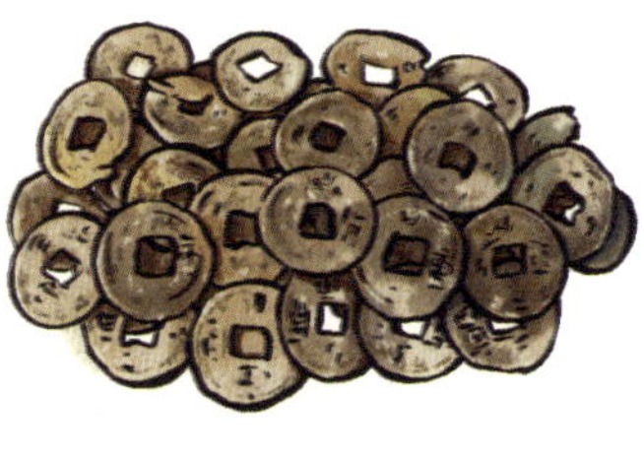

“乾亨重宝”铅钱

波斯蓝釉陶片

名城广州二千年

01 广州从秦朝开始建城，到现在已经有两千多年的历史了。南越国的宫殿遗址位于广州的心脏地带，可以说是两千多年来广州的行政中心。

铜蒜头壶

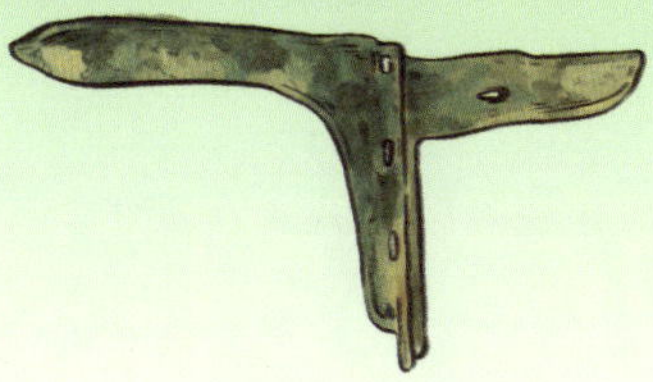

“张仪”铜戈

02 秦始皇征服岭南并设立郡县，使岭南首次被纳入中央王朝政治版图，促进了当地社会经济的发展、汉越民族的融合以及海外交通线的开辟，翻开了岭南大规模开发的篇章。

南朝莲花纹瓦当

东晋青瓷鸡首壶

03 三国时期，岭南地区由东吴控制。从交州分出南海、苍梧、郁林、合浦四郡成立广州，这是广州名称的起源。两晋南北朝时期，北方战乱导致中原人口南迁，带动资金、技术和人才南下，促进了广州在农业、手工业和商业上的快速发展。

04 隋唐时期，广州设立市舶使管理海贸，城西设蕃坊吸引外商。唐代有七条主要海外通道，其中“广州通海夷道”最远，达红海和非洲东海岸，吸引了多国商人，使广州成为国际大都会。

考古地层关键柱

唐代外国人头象牙雕像

05 宋朝灭南汉后，在广州设立市舶司管理海外贸易，吸引外商，成为国家重要税收来源。为应对广州人口增长和保护商民利益，宋朝知州扩建城市，重修子城并增建东、西城，形成广州三城，确立了城市基础格局。

北宋广州修城砖

北宋西村窑青釉军持

06 明洪武三年（1370 年），广州三城合并为一城。洪武十三年（1380 年），广州城向北扩展，包括越秀山，并在南面新建南城。清代，珠江沿岸建鸡翼城，西关发展成商业区，城市面积扩大。广东承宣布政司署设在原城位置，提升了广州作为岭南行政中心的地位。

明代青花人物纹碟

清代青花鲤鱼龙纹盘

07 广州是中国近代革命的策源地。鸦片战争、黄花岗起义、护法战争、北伐战争等一系列革命在此处发生。在此处发掘的法国领事馆和学堂、永汉公园、侵华日军广东神社、汉民公园、动物园等遗迹及遗物，见证了广州百年的风云变幻。

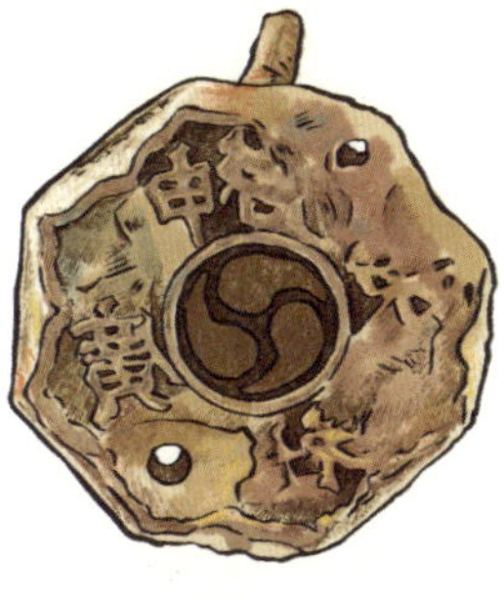

“广东神社”铁印章

广东民间工艺博物馆（陈家祠）

——粤艺精粹，艺传千古

广东民间工艺博物馆从 1959 年开始就坐落在陈氏书院了，博物馆内主要收藏广东本地以及全国的古代民间工艺品，常年都有“广东象牙雕刻”“广州彩瓷”“广东剪纸和麦秆贴画”等展览，有时还会举办一些短期的、特别的展览来让博物馆更热闹。

博物馆里有超过 1 万件（套）的历代民间工艺美术品和文物标本，分成陶瓷、织绣、雕刻、杂项这四大类。

我的博物馆笔记

广东民间工艺博物馆

英文名：Guangdong Folk Arts Museum

地址：广东省广州市中山七路恩龙里 34 号

开放时间：9:00~17:30（17 点停止售票或入场），每周二闭馆（法定节假日除外）

门票：10 元

馆藏精品：潮州钉金绣《九龙图》圆屏、象牙镂空彩绘渔家乐图折扇、白玉寄菊通花瓷瓶等

参观路线：没有路线，逛就完了！

精彩看点：三雕两塑，一绘一铸，以广东地区为主兼及全国各地历代民间工艺品

我的心情：

看不过来！根本看不过来！这也太多了！

岭南传统建筑装饰艺术

岭南传统建筑文化源远流长，它受自然环境以及生产生活习惯等因素影响，视觉效果夸张明艳，富丽堂皇。这些传统建筑装饰艺术已被列入国家级非物质文化遗产保护名录，它们不仅是精湛工艺的结晶，更是工艺传承不绝的见证。

三雕：砖雕、木雕、石雕

广东砖雕以精制水磨青砖为材料，雕刻手法多以阴刻、浅浮雕、高浮雕、透雕穿插进行，纤巧细致，精细者可达七、八层，达成景致深远的效果。

贴金木雕彩门

彩门一般应用于广府地区的传统祠堂建筑，高高悬挂在大门前端，在大门打开的时候，可作为挡隔与建筑正面的重要装饰。

潮州木雕彩绘鳌鱼雀替

鳌鱼是潮州木雕中常见的吉祥纹饰，又称鱼龙，源于鲤鱼跳龙门的神话传说。

潮阳石雕双面镂雕老鼠荔枝葡萄图梁

镂通雕和高浮雕相结合，在一整块坚硬的青石上雕出这块镂空双面石雕。整件石雕呈“弓”型，镶嵌在月梁的下方，通过榫卯与两侧柱头连接。

两塑：灰塑、陶塑

灰塑是珠江三角洲传统建筑的装饰艺术，俗称“灰批”，常见于门框、房顶等处。陈氏书院的灰塑是岭南最大的灰塑，内容包括神话、历史、戏曲人物和吉祥图案。

石湾陶塑脊饰又称“花脊”，用陶泥雕塑后经煅烧而成，是专门装饰于庙宇、祠堂、会馆等大型建筑物上的特殊工艺。

一铸：铜铁铸

陈氏书院的建筑装饰中，铜铁铸工艺虽不常见，却极富特色。连廊和月台围栏采用铁铸装饰，与石雕框架形成色彩和质感对比，创造出独特的装饰效果。铁铸装饰如《麒麟玉书凤凰图》等，融合中西元素，体现了广州作为东西方文化交流中心的特色。

麒麟玉书凤凰图

一绘：彩绘

陈氏书院大门上的彩绘门神气势威武。

岭南民间百艺

广东民间工艺博物馆的馆藏汇聚了珠三角、潮汕等地区丰富的文化和民俗特色以及装饰艺术的传统。这里既有大量标准化生产的日常用品，也有大师们精心创作的艺术杰作，它们不仅体现了就地取材、物尽其用的材料多样性，还展示了雕刻、塑造、刺绣等立体与平面装饰技艺的精湛与独特风格。

《钉金九龙图》圆屏

钉金绣

钉金绣技法通过针法描绘九条金龙戏珠，展现了潮绣的“垫、铺、钉、勾”技艺，特别是双针企鳞、垫棉过金等传统针法。

枫溪瓷器

枫溪瓷制作手法多样。技法上有雕、塑、镂、捏、贴、刻、划、印、压等多种。

瓷雕白玉寄菊通花瓶

石湾窑黄釉几

广绣

广绣大披巾是广绣实用品中最具特色的品种。

大吴泥塑

“银湖小姐，大吴翁仔。”一句潮汕俗谚，以泥人与活生生的美人媲美，足见大吴泥塑之巧夺天工。

金漆画

在绚烂的潮汕漆艺当中，金漆画远近闻名。它是家具、神器及祠堂、寺庙的装饰，以古代人物、历史故事、神话传说等题材为主，熔绘画、雕刻、髹漆、贴金等多种艺术于一炉，金银晕化、铁笔勾勒是其最突出的特点。2015年，潮州推光金漆画被列入第六批省级非物质文化遗产名录。

金漆画《磐石全景》

刻填彩漆画《蔗糖丰收》

刻填彩漆画

除金漆画外，揭阳独有的少为人知的刻填彩漆画亦是一绝。这种工艺在制成推光漆板后，须根据画稿雕刻并铲去漆灰，使图案的轮廓线凸起，再用粘合剂拌矿物质色料，对不同的表现物象进行填彩与描绘。

贝雕花卉凤鹤鹿图摆件

贝雕是以贝壳为原料，利用贝壳的天然纹理、色泽和形态，结合牙雕、木雕等工艺，雕刻或镶嵌而成的工艺品。

玳瑁镂雕人物故事纹扇

来自欧洲的玳瑁制品经由广州的港口输入中国，广州工匠学会制作玳瑁工艺品并进贡宫廷；此后又在海外贸易的需求刺激之下，开始生产外销的玳瑁工艺品。

建筑装饰中的传说故事

陈家祠以精湛的建筑装饰艺术闻名遐迩。各种工艺装饰中大量采用了吉祥图案、神话传说和历史故事来表达祈求平安富贵、渴望吉祥如意的美好愿望，洋溢着强烈的民间文化气息。

和合二仙

首进东路屋顶瓦脊上，是两位微胖的小童子陶塑。他们身着汉服，盘着少儿的发髻，手上各持一束荷花，脸上洋溢着笑容。两人原来是和合二仙，和合二仙在我国的民间传说中是主掌人间婚姻和合的神，也被人称为和合二圣。相传在唐代，诗僧寒山与拾得，两人交情非常好，民间就把他们推崇为和睦友爱的民间爱神。后来，雍正皇帝正式封寒山为“和圣”，拾得为“合圣”。

福禄寿

在首进中路屋顶上，“福禄寿三星”灰塑分外引人注目。在松柏山石之旁，最左边的右手抱着娃娃微微笑的是禄星，中间身着朝服侧身斜躺的是福星，最右边的白须老爷爷便是寿星。

穆桂英挂帅

中进东路南面石柱挑头是“穆桂英挂帅”的图案，中间头戴缨冠、身披重甲、手持长矛的人物是穆桂英，看上去十分英武；另外两名勇士一人高举“宋”字帅旗，另一人双手击鼓，场面为出征。“穆桂英挂帅”出自小说《杨家将》。故事描写北宋时，西夏侵犯边境，此时正辞官隐居的佘太君闻讯，便派杨家曾孙杨文广、杨金花去汴京探听消息。杨文广在校场比武，刀劈兵部尚书王强之子王伦，才夺得帅印归来，但穆桂英深感朝廷刻薄寡恩，不愿为其效力，于是佘太君劝她以抵御西夏侵扰为重，穆桂英这才挂帅出征。

太平有象（梁架驼墩）

“太平有象”也叫“喜象升平”“太平景象”，形容河清海晏、民康物阜。相传禹在位时，分天下为九州，悬钟鼓求直言，立德教谕万民，四方皆归王化。一日，有人报舜帝墓有灵异现象出现：白象在琢前刨土，彩雀又衔土堆坟。老臣告诉禹说此雀名叫凭霄，能反形变色，衔土积埠，风化为珠，服之可得长生；白象耕土，则是天下太平的瑞应，为可喜可贺之兆。禹大喜，即命在当地为象立祠，奉为鼻神，此后帝王以白象作歌颂升平沿袭成俗。

百子千孙

因为“狮”与子嗣的“嗣”谐音，所以民间喜欢用雌、雄狮子同伴幼狮的图案表示对子嗣昌盛的祈求。

五福捧寿

所谓“五福”指的是五种福运，语出《尚书·洪范》：“五福：一曰寿，二曰富，三曰康宁，四曰攸好德，五曰考终命。”意思为：一求长命百岁，二求荣华富贵，三求吉祥平安，四求行善积德，五求人老善终。汉朝桓谭著《新论》，对之另有解释：“五福：寿、富、贵、安乐、子孙众多。”民间也有将福、禄、寿、喜、财称为“五福”的。在吉祥图案中，因“蝠”与“福”谐音，故常用五只蝙蝠与“寿”字构图，寓意“五福捧寿”。

瓜瓞（dié）绵绵

“大者曰瓜，小者曰瓞。”瓜，籽多，藤蔓绵长，大小瓜累累结在绵长的藤蔓上，以此象征子孙万代、世代绵长，后人常用作祝贺子孙众多之词。因“瓞”与“蝶”字谐音，又以瓜、蝶构图作象征。瓜瓞绵绵也指良缘之喜。

粤海关博物馆

——百年海关见证

粤海关博物馆内珍藏着众多历史文物，每一件都是时代的印记，讲述着往昔的故事，让参观者能够直观地感受到海关工作的严谨与细致。除了这些专业展品外，博物馆还精心布置了多个展览区域，通过图片、文字、多媒体等多种形式，全方位、多角度地展示了粤海关的历史与文化。在这里，你可以穿越时空，回到那个充满商机的年代，感受粤海关作为广州对外贸易门户的辉煌与荣耀。

我的博物馆笔记

粤海关博物馆

地址：广东省广州市荔湾区沿江西路 29 号

开放时间：周一至周五 9:00 ~ 16:00（非节假日）及国际护士节、国际博物馆日、中国文化遗产日、教师节、环卫工人节

门票：免费

馆藏精品：承载着海关变迁的珍贵文件、证件和印章；各式各样的海关用品，如验货用的工具、计算关税的算盘等

参观路线：建议参观完十三行博物馆后安排，先在外面观赏经典建筑风格，后进入馆内了解海关背景知识

温馨提示：工作日开放！不要跑空！

我的心情：建筑本身比展品更精彩！

聆听逾越百年的钟声

粤海关博物馆成立于2016年1月1日，坐落于“粤海关旧址”，也被称为“大钟楼”。大钟楼是广州近代西方新古典主义建筑的杰出代表之一，以其清脆的钟声闻名。大钟楼现为全国重点文物保护单位，它见证了广州乃至中国近代史的变迁。

前厅的左右，分别是对称的两条长长的走廊。走廊顶部是挑高装饰的天花板，悬挂着讲究的吊灯。走廊两旁，整齐的咖啡色办公室大门逐一展现。整个走廊庄重而有气势。

清咸丰十年（1860年），粤海奚税务司在现址正式建立公署，外界称之为“洋关”。中华民国三年（1914年），粤海关大楼的建设工程在现址奠基。中华民国五年（1916年），粤海关大楼工程竣工。大楼主入口处两旁树立着爱奥尼式石柱，顶部是正楷“粤海关”。

走进办公室，地下铺着的是罗马式的马赛克，点缀有古希腊时代的图案。室内装有英国进口带有釉面砖的壁炉，主要用于祛湿。高大的窗户上悬挂着木制百叶窗，既遮阳又经久耐用。

每个办公室的式样统一。咖啡色的雕花的门框和大门。门前是双开式弹簧门，既能通风，也能保护隐私。弹簧来自当年的纽约，如今锁头历久弥新，还在使用。

这样的办公室共有三层。每层除了电梯，也可以走楼梯。大楼的楼梯墙壁镶嵌有颜色俗称“冬瓜青”的釉面砖护壁，并有顶盖，色调讲究而明快。

税务司位于三楼，相当于现在海关的关长室，是粤海关的一把手。办公室内是不断传承、税务司专用的办公桌。

海关溯源

广东因其独特的地理文化环境，两千多年来一直处于中外贸易和中西交往的前沿位置。市舶制度起于唐末时期的广州，终于清初的广州。1685 年成立的粤海关，既继承和发展了市舶的管理职能，见证了康乾盛世的繁荣，也经历了近代百年沧桑与抗争，在中国海关发展史上具有特殊的地位。1757 年，清政府限定西洋商船在广州收泊贸易后，粤海关一度成为大清海关的代名词。1860 年，粤海关仿照江海关推行外籍税务司制度，形成新关与常关并存的局面。

海关作为国家进出境监督管理机关，历史源远流长，起源众说纷纭，而公认以唐朝立市舶使为海关之滥觞。市舶制度由唐至清，延续近千年，为后世中国海关的出现奠定了深厚的基础。

东周时期诸侯国林立，各国纷纷在水陆交通要道上设立关津。当时，设于陆路边境的关塞不仅是为了安全防范，还担负着稽查往来行旅、征收货税、查禁走私等职责，初具后世“海关”的基础职能。

始建于汉代的关隘——玉门关，位于今甘肃敦煌，是当时通往西域各地的门户、丝路交通要道。

银盒

广州南越王墓出土的银盒，具有明显的西亚风格，是中西交流往来的见证物。

为了适应对外交往和海外贸易不断发展的需要，唐代开设市舶使（司），创立了政府外贸管理的新体制——市舶制度。市舶制度首创于广州，具备了当代海关的基本职能，可视为海关的雏形。

随着岭南与中原的道路打通和航海技术的发展，唐代的广州成为中国的第一大港、世界著名的东方港市。当时世界上最长的航线“广州通海夷道”即由此出发，航程接近 14000 公里。

唐代海上丝绸之路路线图

明清之际，西方迎来了地理大发现和工业革命的黄金时期，而明、清政府却在海禁与开禁之间摇摆不定，市舶司也随之经历了多次设置和裁撤，至清康熙二十四年（1685）终被开海设关所替。

粤海关成立后，建立了一套海关业务管理制度，包括查验进出口货物、办理进出关境手续、征收关税、缉查走私等，同时管理辖区内的国内贸易。粤海关税收是清朝政府财政收入的重要来源之一，被时人称作“金山珠海、天子南库”。

印章架

手摇计算器

宋代市舶收入

单位：万贯（一贯为 1000 文钱）

宋元时期，农业与手工业技术的进步和政府相对开放的经济政策令海外贸易日渐兴盛，规模超过唐代。市舶管理也走上正轨，各项制度逐步完善。市舶收入对于当时的国家财政十分重要。南宋时，泉州、两浙、广州三路市舶司每年市舶收入高达 200 万缗，约占全国岁入的五分之一。

市舶制度的七大职能

市舶使最早于唐开元二年（714）设于广州。起初，市舶使既非固定的职务，也无办公衙署、属员。唐贞元十四年（798），王虔休就任岭南节度使，兼管市舶，完善了市舶机构的管理，将本无定制的市舶使制度化，开创了集海关、外事、外贸三种功能于一体的市舶管理制度。

作法

奏报

舶脚

款待

检阅

进奉

收市

深圳博物馆

——深圳速度记忆库

深圳博物馆内有 9 个常设展览，分别位于不同分馆。同时深圳博物馆以“引大展、求精品、重品质”为目标，以原创、引进、合作办展等形式举办专题展览 900 多个，年均 20 多个。博物馆内曾展出四羊方尊、金缕玉衣、秦始皇兵马俑、越王勾践剑、子龙鼎等国宝级文物，以及来自世界多个国家和地区的文物艺术精品。

我的博物馆笔记

深圳博物馆

英文名： Shenzhen Museum

地址： 同心路馆（古代艺术）位于深圳市福田区同心路 6 号；金田路馆（历史民俗）位于深圳市福田区市民中心 A 区；深圳改革开放展览馆位于深圳市福田区福中路 184 号深圳市当代艺术与城市规划馆四、五楼；东江游击队指挥部旧址位于深圳市罗湖区南庆街 13 号

开放时间： 10:00 ~ 18:00（历史民俗馆、古代艺术馆）；10:30 ~ 17:30（改革开放展览馆）；周一闭馆，重要节假日期间开放，重要节假日后的第一天闭馆

温馨提示： 深圳博物馆有好几个分馆，一定要先查清楚想看的展和具体地址、开放时间，再规划出行哦。2024 年 7 月 22 日起，参观深圳博物馆无须预约，接受安检后即可入馆参观

门票： 免费

馆藏精品： 三段区段式神人纹镜、龙泉窑褐彩连座梅瓶、鸟纹鼎等

我的心情： 深圳的发展真是惊人！

古代深圳

岭南地区的人类文化历史悠久，自马坝人时代起已有十多万年。早期人类从山洞迁移到丘陵、平原和海边生活。约 7000 年前，他们抵达深圳大鹏湾，开始渔猎和农耕，逐渐扩散至整个深圳地区。这些先民建立了稳定的聚落，并从石器时代发展到青铜和铁器时代，为深圳早期历史奠定了基础。

新石器时代中期

约10000年前，随着冰期结束，海平面上升，在珠江口地区形成了许多海湾沙堤。这些沙堤内多为泻湖平原，有小溪流入大海，提供了良好的渔猎和耕作环境，适合人类居住。深圳的咸头岭遗址，距今约7000年，是该地区发现的最早的文化遗址，也是珠江口地区典型的沙丘遗址。咸头岭文化以磨制的长条形石锛和槽石拍为特色，陶器以夹砂陶为主，出现了泥质白陶和原始彩陶，装饰有细绳纹、刻划纹和贝印纹。

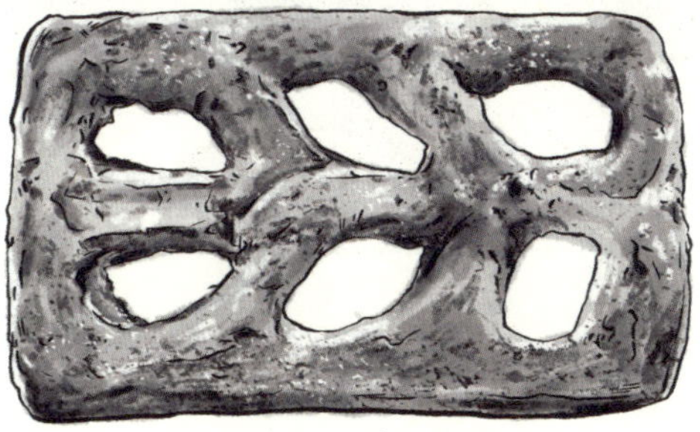

镂空叶脉形网眼陶炉箅

新石器时代晚期

约5000年前的新石器时代晚期，石器工具显著改进，出现了有段石锛和双肩石斧；陶器烧造技术提升，纹饰多见曲折纹、方格纹。深圳晚期新石器时代文化以赤湾遗址为代表，该时期人类居住地不再仅限于海湾沙堤，也扩展到山间台地。

古越人出征复原图

商时期

商代，长江和黄河流域的居民创造了辉煌的青铜文化，而深圳地区由于地处岭南，社会发展较慢，未发现青铜器。然而，出土的带有商文化特征的陶器表明，深圳地区已受到中原文化的影响。屋背岭商时期文化遗存的典型陶器纹饰包括菱格凸点纹、叶脉纹和曲折纹。屋背岭是目前岭南地区发现的最大规模的商时期墓地。

印回纹夹砂陶釜

周时期

春秋战国时期，岭南的古越族文化特征显著，包括使用有段石锛、双肩石斧、几何印纹陶器，擅长舟楫，以稻米和鱼为食，有纹身和断发习俗，居住在干栏式房屋内。深圳大梅沙出土的春秋时期青铜工具和兵器显示了接近中原的铸造技术。金属工具的使用促进了生产力的发展。大梅沙遗址青铜时代墓群中兵器的大量出土，可能证实了古籍中关于越人好战的描述。

汉代至南北朝

自秦汉时期起，汉越民族融合和汉文化南传促进了深圳地区的开发。汉代番禺设有盐官，管理深圳地区的盐业生产。三国东吴时期在南头设立盐官驻地，南朝末期该地因荒废而得名“芜城”。西晋时期中原战乱导致人口南迁，东晋时设立东官郡，下辖宝安等六县，南头成为治所，标志着深圳城市历史的开始。在南头至西乡、沙井一带发现的东晋、南朝古墓群，尤其是铁仔山墓群，显示了与当时城市居民的关联性。

南头一带出土的墓砖及随葬品

唐宋时期

唐初，朝廷在广州设立了专门管理海外贸易的“市舶使”。开元二十四年（736年），在南头设置屯门镇，驻兵2000名，由岭南最高军事及行政长官——节度使直接统领。屯门镇的设立对于镇压海盗、维护东南海路来往船只的安全起到了重要作用。

宋代商船

长沙窑素胎绿彩芦雁纹瓜棱执壶

唐宋以来，深圳地区葬制简化，大多数为长方形土坑竖穴墓，随葬品较为简单。从深圳发现的10余处铜钱窖藏及墓葬出土的外销瓷器来看，随着海上交通和贸易的发展，地处广州海外交通要津的深圳，商品经济较为发达。

明清时期

明清时期，深圳的海洋经济，包括制盐、捕鱼、采珠、养蚝和植香等产业，占据主导地位。随着丝绸之路被阻断，对外贸易的重心转向海上，特别是瓷器贸易，东南海路成为连接亚洲和非洲的海上通道。航海技术的进步促进了海上“陶瓷之路”的发展，大型船只须绕行大屿山，经南头、虎门进入珠江，深圳南头成为广州海外交通的必经之地，是粤海交通的关键门户。

黑釉酱斑盏

瑞兽葡萄纹铜镜

绞胎盂

景德镇窑青白釉四耳盖壶

彩绘仕女陶俑

回顾深圳7000多年的历史，古代居民通过辛勤开拓和创造，结束了原始的农业方式，书写了文明历史。深圳文化融合了中华传统文化和地方特色，内地与当地居民的融合促进了物质和精神财富的积累，为深圳的持续发展打下了坚实的基础。

近现代深圳

鸦片战争标志着中国近代史的开始，1839 年的九龙海战是其序幕。战败后，中国签订了《南京条约》，开始了半殖民地半封建社会的历史。深圳地区的情况反映了这段历史，从抵抗英国侵占香港到孙中山的起义，再到农民运动和省港大罢工，以及长期的抗日战争和解放战争，深圳人民展现了顽强的抗争精神。

林维喜事件

三洲田起义祭旗仪式

攻打兰花庙

营救文化和民主人士

东江纵队司令部

王母墟升旗——1949 年 10 月 1 日深圳升起的第一面五星红旗

大潮起珠江

——广东改革开放40周年展览

广东，濒临南海，紧邻港澳，拥有众多华侨，自古以来便是我国对外经济与文化交流的关键门户。西汉时期，广州和徐闻成为海上丝绸之路重要的起点。进入近代，广东人民更是屡次站在时代前沿，孕育出众多引领时代变革与自强不息精神的先锋人物。千年岭南文化，以其开放包容和崇尚实干的精神，为新时期广东在改革开放中先行一步提供了重要的文化基因。

深圳经济特区创办之初的深南路

改革开放之初，广东是一个经济相对落后的农业省份，经济社会发展缓慢，基础设施薄弱，社会事业落后。

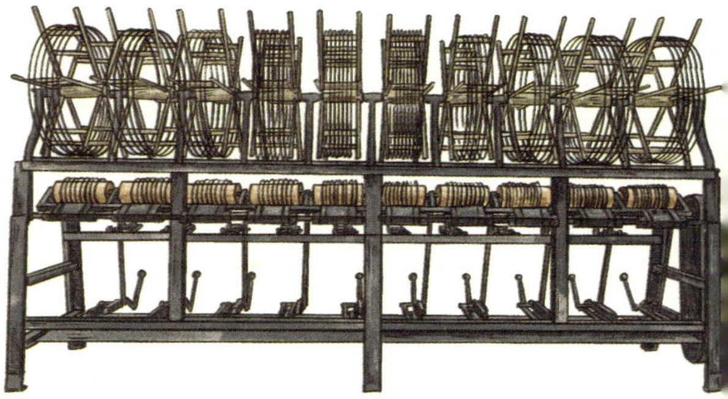

打毛机

改革开放初期广东渔民普遍使用的小渔船

拓荒牛

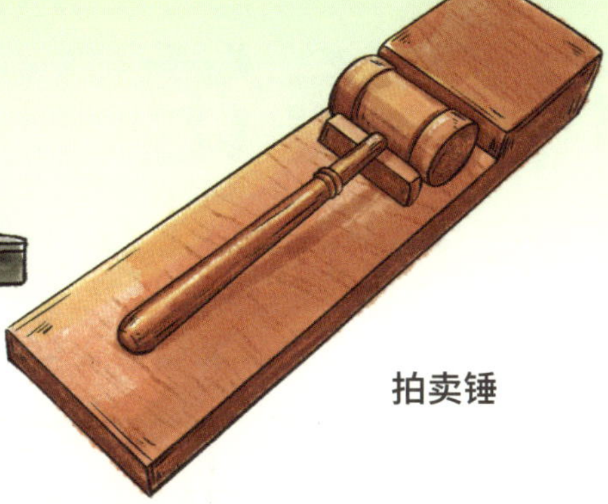

拍卖锤

开市钟

改革开放的航程绝非一帆风顺。每到历史紧要关头，广东都会得到党中央的亲切关怀和大力支持。党的理论创新与广东实践息息相关，引领广东改革开放增创新优势，率先转入科学发展轨道。

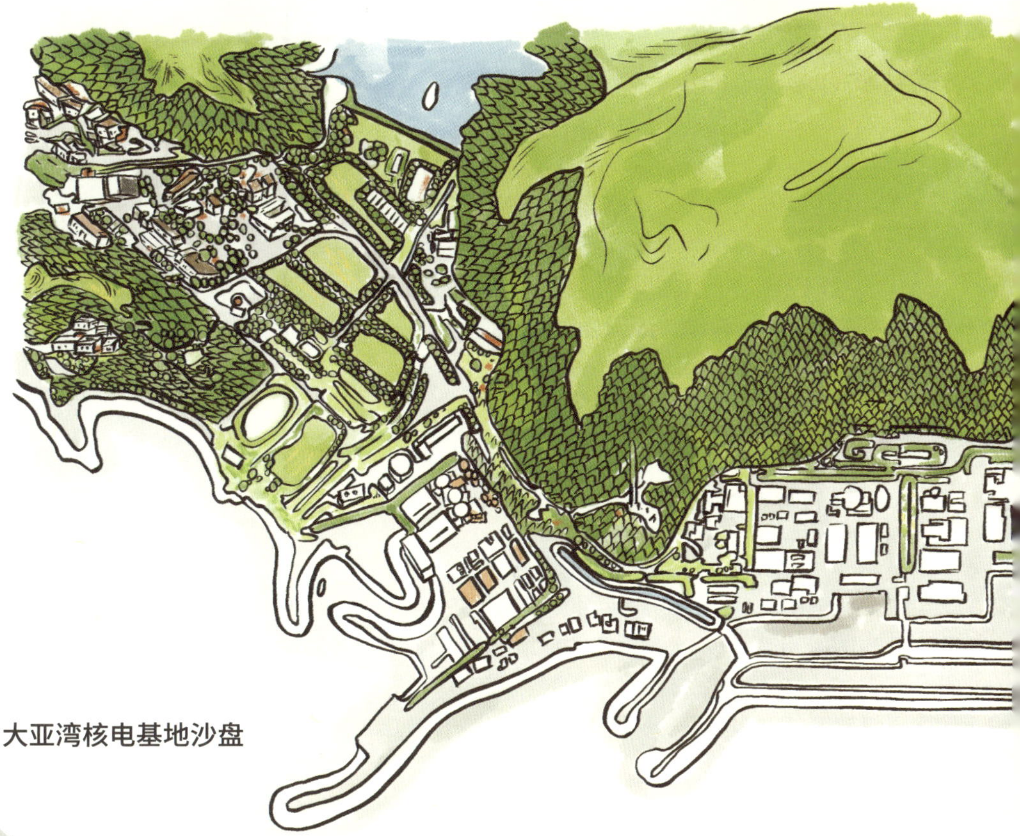

大亚湾核电基地沙盘

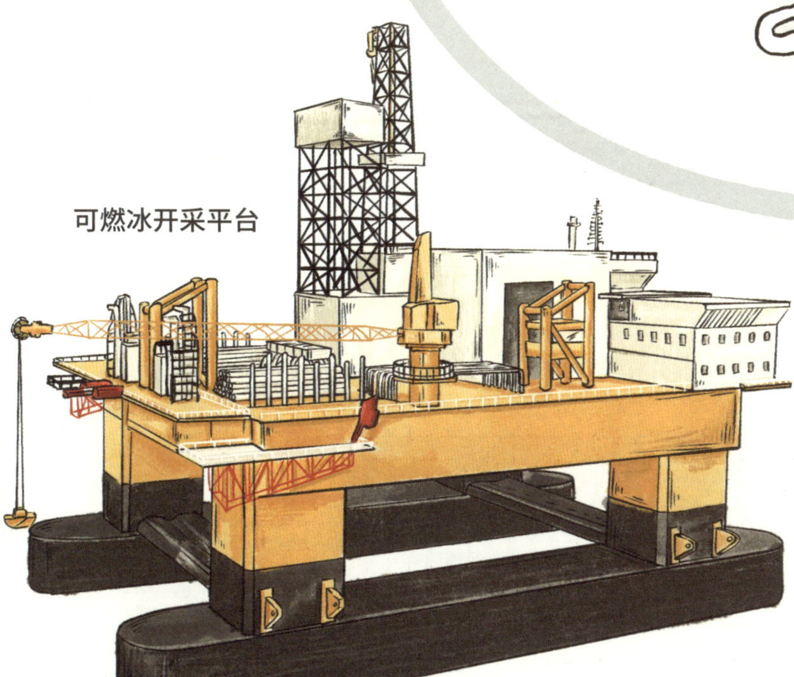

可燃冰开采平台

党的十八大开启了中国特色社会主义新时代。在习近平新时代中国特色社会主义思想指引下，广东坚持改革不停顿、开放不止步，在实践中探索回答“新时代坚持和发展什么样的中国特色社会主义、怎样坚持和发展中国特色社会主义”这一新的重大时代课题，奋力在新时代改革开放的伟大征程中继续走在全国前列。

中山市博物馆

——伟人故里，伶仃沧海

中山市博物馆群建设项目是中山市重要的文化设施建设项目，包括中山市博物馆新馆、中山收音机博物馆、侨立中山公医院旧址、郑藻如旧居、中共中山县委一三九招待所旧址等。

中山市博物馆主体建筑分为地下二层、地上三层，内有中山历史陈列展馆、中山华侨历史博物馆和临时展厅、社教活动中心、游客服务中心等。为和谐融合周边环境，该馆将园林、建筑、历史三者结合，通过“保留、改造、新建”，延续并恢复本街区历史脉络。

我的博物馆笔记

中山市博物馆

地址： 广东省中山市石岐区孙文中路 197 号

开放时间： 周二至周日 9:00 ~ 17:00（16:30 停止入场），周一闭馆

门票： 免费

馆藏精品： 中山市地方文物、中西合璧庭院式建筑、各色收音机等

参观路线： 伶仃洋展区、中山历史陈列、华侨历史陈列；步行可以前往收音机博物馆、香山商业文化博物馆、中山市美术馆；附近还有孙中山纪念堂公园，有时间的话一定要去打卡

精彩看点： 先进的科学技术和陈列手段，灯光效果、曲面屏和各种历史道具，营造了一个 360° 的沉浸式体验，展品栩栩如生

我的心情： 原来历史文物不仅可以摆在桌子上，还可以展示在墙上的相框里、成山的书稿上、远赴西洋的行李箱内。单薄的纸张承载的不止是文字，更是一个情景、一种人生、一段历史！

中山历史陈列

中山，古称香山，根据北宋《太平寰宇记》记载，香山因“地多神仙花卉”而得名。南宋时设香山县，隶属广州府。县城包括今天的中山市、珠海市、澳门特别行政区。设县时，香山县是一处海洋环绕的岛屿，其中最大的看山岛主体演变为今天五桂山山脉以及其四周丘陵，人们主要居住在五桂山四周的海峡和周边海岛上，逐渐迎来海洋文明的曙光。

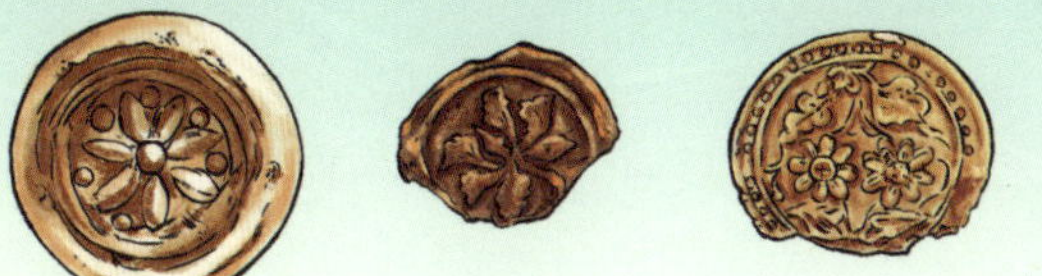

瓦当

新石器时代 的香山居民过着群居生活。他们成群进行渔猎、采集、饮食、烹煮，栖居于简陋的窝棚之中。生产工具非常简单，渔猎方式也很原始，主要靠手捕、竿钓、网捞、标刺等。渔获除供食用外，如有剩余，他们会进行简单加工，然后用陶罐等器具储存，作为以晴补雨、以丰补歉的储备。

自秦汉至宋元，香山地区一直是珠江口海湾中远离大陆的一群岛屿。先民以渔盐、矿产、农耕为生。南宋时期的立县、勤王的传说，反映了国家秩序开始在香山地区确立。

《天工开物》载《开采银矿图》

蒲牢钮铁钟

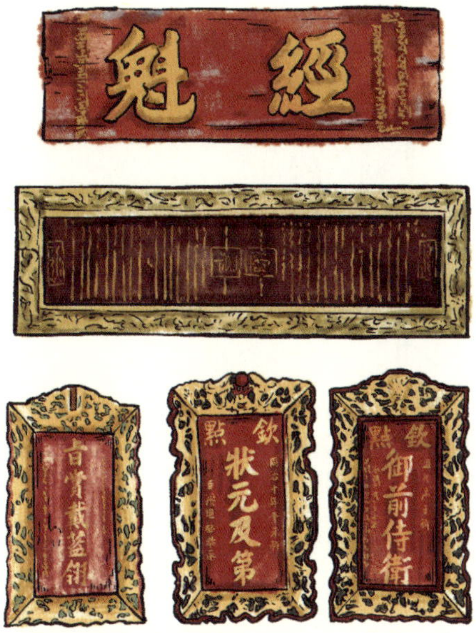

香山官绅致力于儒学教化，广置学府。自明中期以后，香山书香世家涌现，子弟连中科举。

明代在香山设立卫所屯田，开发沙田，村落人口逐渐稠密，儒学教化在乡间普及。至清代，经历沧海桑田，香山岛逐渐与大陆相连，物阜民丰、文风鼎盛。

香山地理面貌因冲积平原的形成而发生巨大变化，原本的海上岛屿变成了广阔的平原。

中华民国时期，香山（中山）拆城墙、筑马路、开辟港口商埠，掀起了城乡建设的热潮；兴文化、重教育、传播进步思想，开启了文明进步的新风。

中山华侨历史博物馆

16 世纪，地理大发现开启了大航海时代，也加快了全球化的进程。香山不仅成为多边贸易和文化交流的重要枢纽，而且一度是中国人尤其是香山人瞭望西方、走向世界的门户。鸦片战争后，受世界工业革命浪潮和移民大潮的影响，香山人开始大规模结伴出洋，去异国他乡谋求发展。

农耕、制糖、淘金是当时出洋华工最主要的三种谋生方式。

近代马来西亚香蕉工厂使用的铸铁手摇式挤出压片机

近代美国华侨使用的西式小型座钟

20 世纪前期澳大利亚悉尼永安公司使用的油印机

近代美国华侨使用的木雕筹码提箱

华侨久居海外，一方面保留了家乡的传统习俗，另一方面也吸收了当地的文化，融入居住国的程度逐步提高，形成了华侨社会独具特色的生活方式。

现代美国三藩市华人歌舞团
演出狮子舞

1961 年 10 月 10 日美国华盛顿发行的纪念
辛亥革命五十周年邮票及首日封

分馆：
中山收音机博物馆

中山收音机博物馆是全国首家以收音机为主题的特色博物馆，也是中山博物馆的下辖分馆之一。该馆基本陈列为中国收音机历史陈列，展出 250 多台（套），展示了我国收音机产业和广播事业的发展史，从侧面反映了我国近现代政治、经济的历史变迁。

香山商业文化博物馆

香山商业文化博物馆是我国首家商业文化专题博物馆。主体建筑分为三层，属于错层结构。馆体的正立面按原石岐镇总商会旧址原貌重建，外部采用中西结合的建筑风格，具有浓厚的历史氛围和鲜明的时代特色，与孙文西路步行街南洋风格建筑群落相和谐。

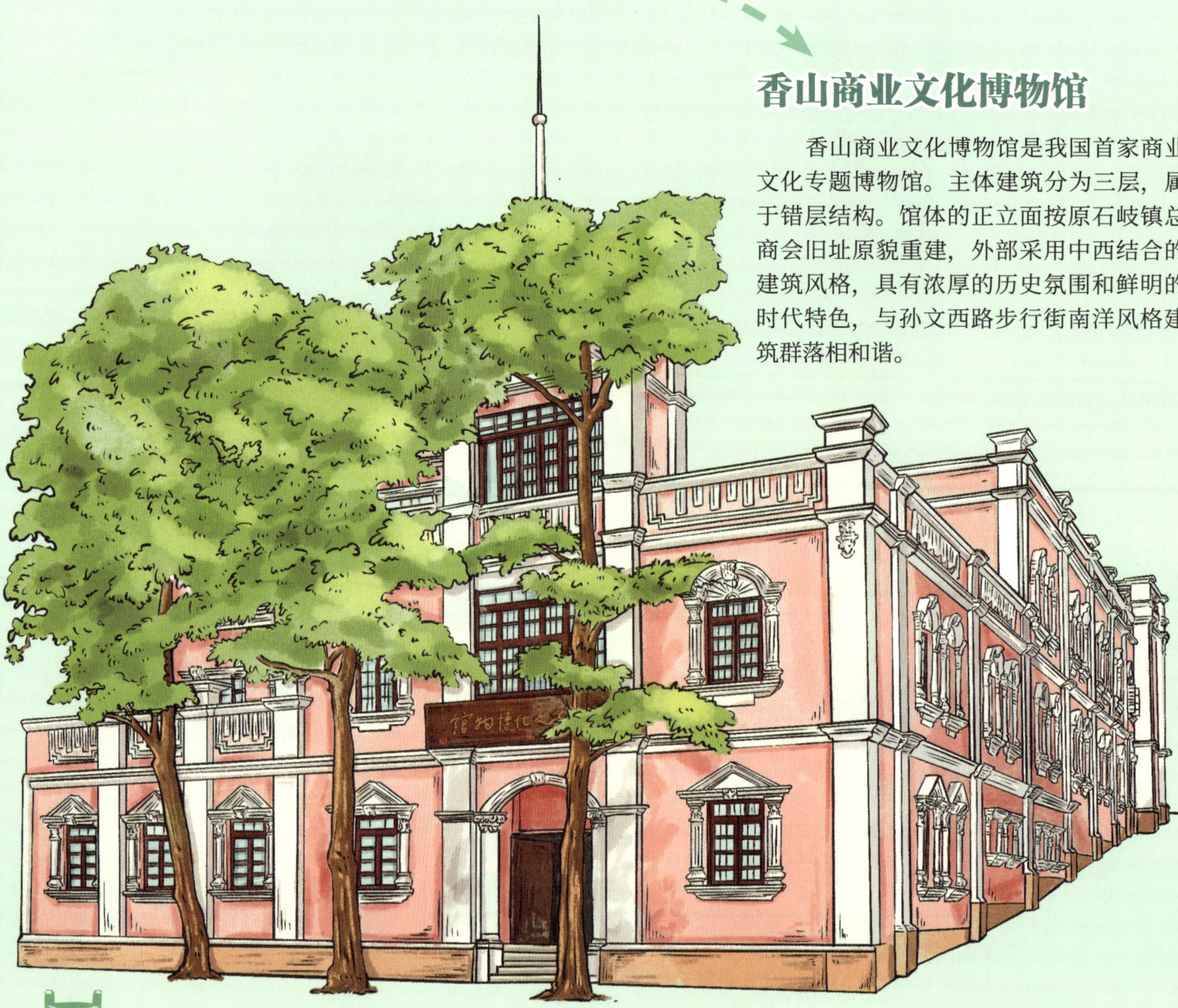

展厅展示了清末至中华民国时期中山地区的商贸发展、商业文化、孙中山和郑观应的商业思想、香山买办和四大百货公司。通过图像、模型、声音、文字、复原场景和互动问答等手段，系统展示中山商业历史和文化。一层展示中山从农业到商业经济的转变，包括生活环境、中外贸易、现代工商业和商业风俗文化。二层展示近代商业思想和香山买办，包括郑观应和孙中山的商业思想与实践、四大百货公司的经营方式、香山买办群体和生活状况。三层介绍四大百货公司的创立和发展。展馆设多媒体查询和互动系统，二层有临时展厅举办专题展览。博物馆通过多种途径收集藏品，包括粤汉铁路股票、孙中山建国方略图等珍贵物品。

香山商业文化博物馆《中山老行业》展览组画

佛山市祖庙博物馆

——拳风剑影，探寻南派武术精魂

祖庙博物馆里面有好多值得逛的地方：祖庙的老建筑群、佛山祖庙的历史文化展览馆、孔庙、黄飞鸿的纪念馆、叶问堂，等等。

博物馆里主要展示了佛山的历史文化、道教文化、武术文化、民间工艺等。这里还会定期举办春节祈福、庙会、谕祭、乡饮酒礼等民俗活动，以及“孔庙学童开笔礼”“黄飞鸿醒狮表演”等动态展示，同时还会引进一些高质量的展览，可以说这里是佛山文化旅游的一个窗口。

我的博物馆笔记

佛山市祖庙博物馆

地址： 广东省佛山市禅城区祖庙路 21 号

开放时间： 全年全天 24 小时开放

门票： 全票 20 元，半票 10 元

馆藏精品： 佛山地方民俗文物

精彩看点： 武术、醒狮表演；道教文化、武术文化、佛山民间艺术等民俗文化

我的心情： 我也来体验一把舞狮的乐趣！

黄飞鸿纪念馆与叶问堂

黄飞鸿是清末民初的佛山洪拳名家，是名震岭南武术界的一代宗师，在武术流派发展中影响深远。其富有传奇色彩的一生，至今为人津津乐道，在后世影视文艺领域中传播甚广。

叶问的一生是弘扬中华民族武术思想的一生。咏春拳现已成为广东省的非物质文化遗产，从佛山走向了世界，成为世界上最流行的拳种之一，在世界武林中独树一帜。

为了弘扬南派武术文化、致敬两位宗师，佛山市祖庙博物馆会定时邀请黄飞鸿门人进行武术及狮艺表演。

岭南圣域

——佛山祖庙历史文化陈列

真武，也称玄武，是道教文化中一个比较重要的神仙。他的形象和身份随着时间流逝慢慢在演变。一开始他是天上星星的守护神，后来变成了四灵之一。到了唐朝，他成了北极紫微大帝手下的大将。宋朝的时候，人们给他封了个“真武灵应真君”的称号。到了元朝，他成为“玄天元圣仁威上帝”。明朝时，真武的形象从一个武艺高强的神变成了一位文雅的帝君。

四灵瓦当

四灵瓦当把神话里的吉祥动物和古代人的审美喜好结合起来，它展现了汉代人对美的看法，四灵瓦当中，玄武的纹样尤为特别，它把乌龟和蛇这两种动物给结合起来了。乌龟看起来像是在爬行，而蛇头有点像凤凰，还有羽毛和细毛，乌龟和蛇缠绕在一起，彼此凝视，具有浪漫主义色彩。

贴金真武大帝铜坐像

这是一尊典型的明朝文神真武大帝的雕像。虽然它没有穿着盔甲拿着剑这些武神的特点，但是真武大帝被发跣足，前面还放着玄武，这些标志性特征还是有的。

彩绘真武大帝木雕坐像

这尊神像虽然颜色掉了不少，但看起来还是有种不怒自威的气质。真武大帝的神像虽然有很多种，但被发跣足，脚踏玄武的经典形象，是最容易辨认的。

清朝乾隆四年（1739年），一群人在祖庙铺营前街盖了一座八图祖祠（也叫“赞翼堂”），用来供奉他们祖先的神位。从那以后，八图祖祠就成了当地居民开会讨论事情的地方，祖庙的“庙议”、重新办“乡饮”、祖庙祭祀权和管理祖庙的财产等，都跟八图祖祠有密切的关系。

流芳祠如意云形铁磬

这个铁磬有61厘米宽，61厘米长，形状像云朵。上面的部分有个洞可以挂起来，周围有像云一样的花纹，写着“流芳祠”三个字，左边有“道光乙巳年仲冬吉旦立，万德炉造”的字样。下面的部分有三个圆圈，中间那个圈光秃秃的，旁边两个分别刻着“日”和“月”，周围还有云朵的图案。

“灵应祠”铜挂牌

此挂牌由两件组成，呈“亞”字形，中心开窗饰以鱼鳞地和“灵应祠”字样，两侧铭文为“光绪己亥年沐恩弟子马百良敬造”。开窗周围铸有“鲤跃龙门”图案，背面平整，上下端有花形挂钩。此为佛山铜铸精品，体现了当地高超的铸造技艺。铭文显示，挂牌由佛山中成药老字号“马百良”捐送，反映了佛山中成药业的历史重要性。

彩绘水神真武大帝水陆画

古建风采和儒家文化的独特表达

佛山祖庙又名北帝庙、灵应祠。据方志记载，“武帝祠之始建不可考，或北宋元丰时”，元末曾毁于战火，于明洪武五年（1372年）重修。此后历经明清时期多次修缮扩建，成为结构严谨、体系完整、极具地方特色的古建筑群。

祖庙古建筑群坐北朝南，布局完整有序，规模较大，占地面积

约为 3600 平方米。主体建筑沿南北中轴线依次排列，前低后高，左右对称，依次为万福台、灵应牌坊、锦香池、钟鼓楼、三门、文魁阁、武安阁、前殿香亭、前殿、正殿香亭、正殿、庆真楼。

祖庙的正殿是其中最古老且关键的建筑，始建于明洪武五年，内有明景泰年间铸造的北帝铜像。

祖庙前殿建于明宣德四年（1429 年），主要为安置北帝大将。

庆真楼，建于清嘉庆元年，是祖庙古建筑群中最新的一座。它曾是佛山古镇的最高建筑，从楼上可以俯瞰整个佛山镇。

祖庙三门是明正德八年由崇正社学、灵应祠、忠义流芳祠三座建筑的正门联建而成，位于锦香池北侧红墙内。建筑采用台基，既美观又防潮。

佛山祖庙的孔子诞活动，基于历代研究，还原传统祭孔仪式，包括宣读祭文、叩拜礼、六佾乐舞等，同时融入诵读孔子语录、学童开笔等环节，再现佛山祭孔文化。

万福台：粤剧粤曲

万福台，位于祖庙古建筑群的南端，原名华封台，始建于 1658 年，并于 1684 年更名为现名。作为华南地区保存最完好、装饰最为华丽且规模最大的古戏台之一，它由前台和后台组成。前台专用于表演，而后台则用于化妆，两者之间由精美的隔板相隔。前台三面开放，便于观众观看，而后台相对封闭，设有门窗以保证通风和采光。戏台的台面高度为 2.07 米，设计上充分考虑了观众的视线需求。屋面采用歇山卷棚顶设计，结构简洁，屋角微翘，展现出一种古典的美感。

佛山是粤剧的发源地，万福台更是海内外粤剧艺人寻根问祖的重要场所。过去，戏班每年都会组织一次乘红船外出四乡演出，为了祈求北帝保佑旅途平安，组班后的首场演出必选在万福台举行，这使得万福台逐渐成为了粤剧审戏台的重要场所，见证了粤剧在佛山的发展。如今，作为粤剧传承的重要文化阵地，万福台依旧上演着连台好戏。

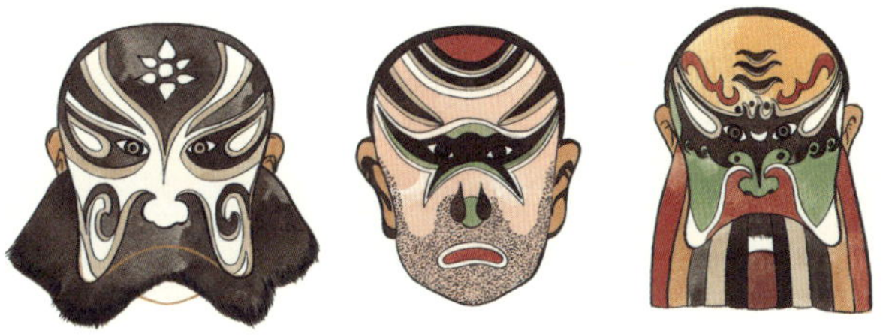

粤剧脸谱

阳江广东海上丝绸之路博物馆——波涛万里，贸易兴邦

广东海上丝绸之路博物馆真是个有个性的地方，设计很有创意，把海洋文化和南方建筑的优美融合得特别好。它的外观是由五个不同大小的椭圆形连在一起，看起来既像波浪起伏，又像海鸥展翅。这座建筑不采用传统的梁架结构，而是把造船的龙骨和南方特有的干栏式建筑结合起来，风格新颖独特。整个建筑有三层在地面上，还有一层在地下。五个拱形结构里面包含了博物馆的展览和办公区，每个部分都分得很清楚。中间那个最大的椭圆形，就是专门为沉船打造的家——“水晶宫”。右边两个拱形是文物展览厅，主要展示从“南海一号”打捞上来的宝贝，左边两个拱形是办公区，用于科研、储藏、设备和后勤。

我的博物馆笔记

阳江广东海上丝绸之路博物馆

英文名：Maritime Silk Road Museum of Guangdong

地址：广东省阳江市江城区南海一号大道西

开放时间：9:00 ~ 17:30（17:00 停止入馆）

门票：全价票 70 元，半价票 35 元；法定节假日全价票票价 8 折（56 元 / 人次）优惠

馆藏精品：古船“南海一号”及船内的文物

参观路线：

一层：序厅——航海游戏——沉没——水晶宫——出水；

二层：价值——研学区——遗珍——水晶宫俯瞰；

三层：金器——生活

我的心情：水下考古真有趣！宋代的古船原来是这样的呀！

“南海一号”的前世今生

“南海一号”是南宋初期沉没的古船，1987 年中国广东省阳江海域，是国内首个沉船遗址。船体造型和上面的文物表明它来自福建泉州。作为迄今为止发现的最早、最大、保存最完整的远洋贸易商船，“南海一号”对复原海上丝绸之路和陶瓷史研究具有重要价值。

“南海一号”复原图

“华天龙”号打捞现场

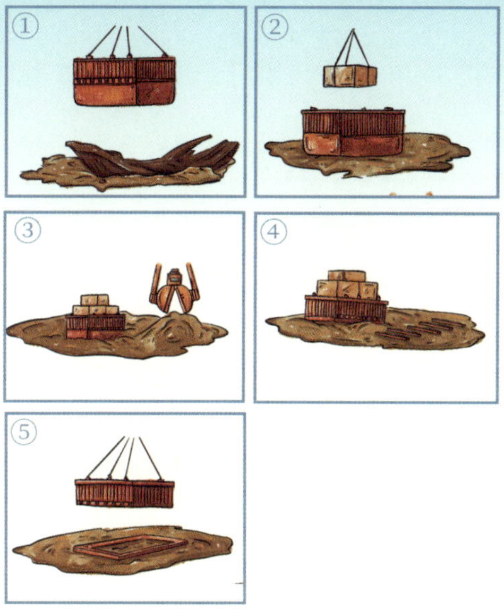

文物打捞现场

“南海一号”沉船现陈列于博物馆的“水晶宫”中，其水下考古工作将逐步进行，开创了世界水下考古的先例。“水晶宫”内有三个主要区域：水下考古观光廊、考古观光平台和水下考古工作平台。通过观光廊的玻璃窗，观众可以观察到考古队员的水下工作；在三楼的观光平台上，观众可俯瞰考古全景；工作平台则是考古队员进行装备装卸、文物提取、搬运和清洗整理等工作的场所。

2007年12月22日，阳江海域，“华天龙”号巨臂轻扬，沉睡800年的“南海一号”浮出水面。此次整体打捞避免了传统水下考古对文物的破坏，通过特殊钢制沉箱将沉船及文物整体吊起，迁至“水晶宫”进行考古发掘。

“水晶宫”是一个巨型展厅，模拟海水环境以展示沉船。

古沉船上有什么？

瓷器

义窑系

义窑位于福州市闽清县东桥镇义窑村一带，是一处规模宏大、具有地方特色的著名民窑。义窑主烧青白釉瓷，以日用粗器为主，也有少量青釉瓷和黑褐釉瓷。

景德镇窑系

景德镇窑是中国宋代主要瓷窑，位于江西景德镇。自唐代开始烧制青瓷，宋代主要生产青白瓷，这种瓷器胎质细腻，釉色介于青、白之间，清澈如湖水，莹润如玉，亦称“影青”。

德化窑系

德化窑位于福建德化县，是中国古代重要的外销瓷产地。始于北宋，宋元时期以烧青白瓷为主，明代以烧白瓷为主，清代又有进一步发展，还烧青花和彩绘瓷器。

龙泉窑系

龙泉窑位于浙江龙泉市，是宋代著名的青瓷产地。龙泉窑开创于三国两晋，盛于宋，结束于清代。龙泉窑以烧制青瓷而闻名。

磁灶窑系

磁灶窑位于福建晋江市，是中国古代著名的民窑之一，也是宋元时期华南沿海一处重要的外销陶瓷产地。

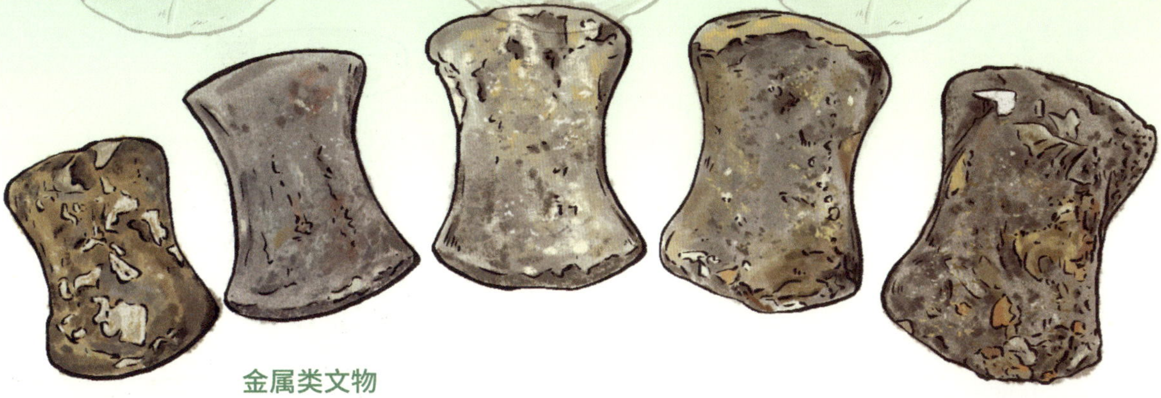

金属类文物

两宋时期，白银的货币地位大幅提高，民间与官方普遍使用，通行全国。当时的白银有银块、银钱、银铤和银牌等形态，以银铤最为常见。这些银铤大小不同，大者重五十两，小者则有二十五两、十二两许、七两许、三两许等重量。银铤两端多呈弧状，束腰形，上錾文字，记有地名、用途、重两、官吏、匠人姓名等。按成色，这些白银还可细分为细渗、正渗、花银、肥花银、煎销花银、真花银等。

两宋时期，随着封建城市的繁荣和市场经济的发展，以金银器为代表的金属制作行业十分兴盛，金属制品日益商品化，进入到王公、富贾，甚至上层庶民的生活中。同时，由于宋代理学的盛行，人们在审美意识中追求朴实无华、平淡自然的情趣韵味，应运而生的金属器呈现出造型素雅、工艺精细的时代特征。“南海一号”沉船中出水的金器反映了这一时代特点。

玉雕观音像

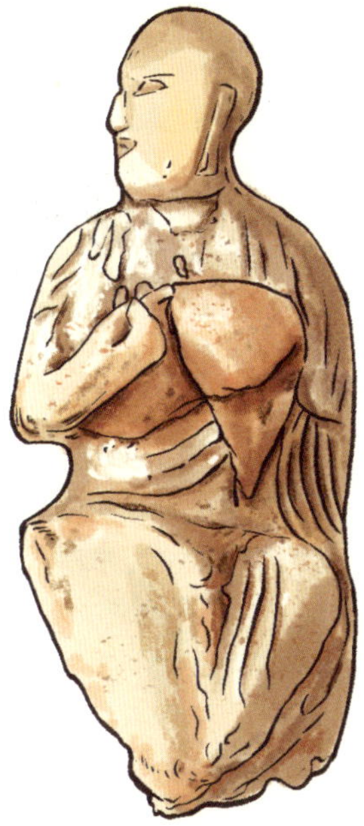

玉雕罗汉像

此外，漆器、玉石器也是“南海一号”发掘文物中占比很高的类目。

金腰带

金戒指

金虬龙环

漆器

水下考古与文物保护

2013 年，沉船的全面发掘工作开启。考古工作者将沉箱中的淤泥和凝结物一点点清理出来，差不多用了近十年时间。从中发掘的文物超过 18 万件（套），包括陶瓷器 17 万件，铁器 130 多吨，金器 180 件，铜钱 1.5 万余枚，金银货币 260 余件，以及各类竹木漆器、玻璃器和丝绸痕迹等。如此数量庞大的文物，需要流程化、标准化且细致入微的保护修复工作，才能最大程度保留文物的光彩。

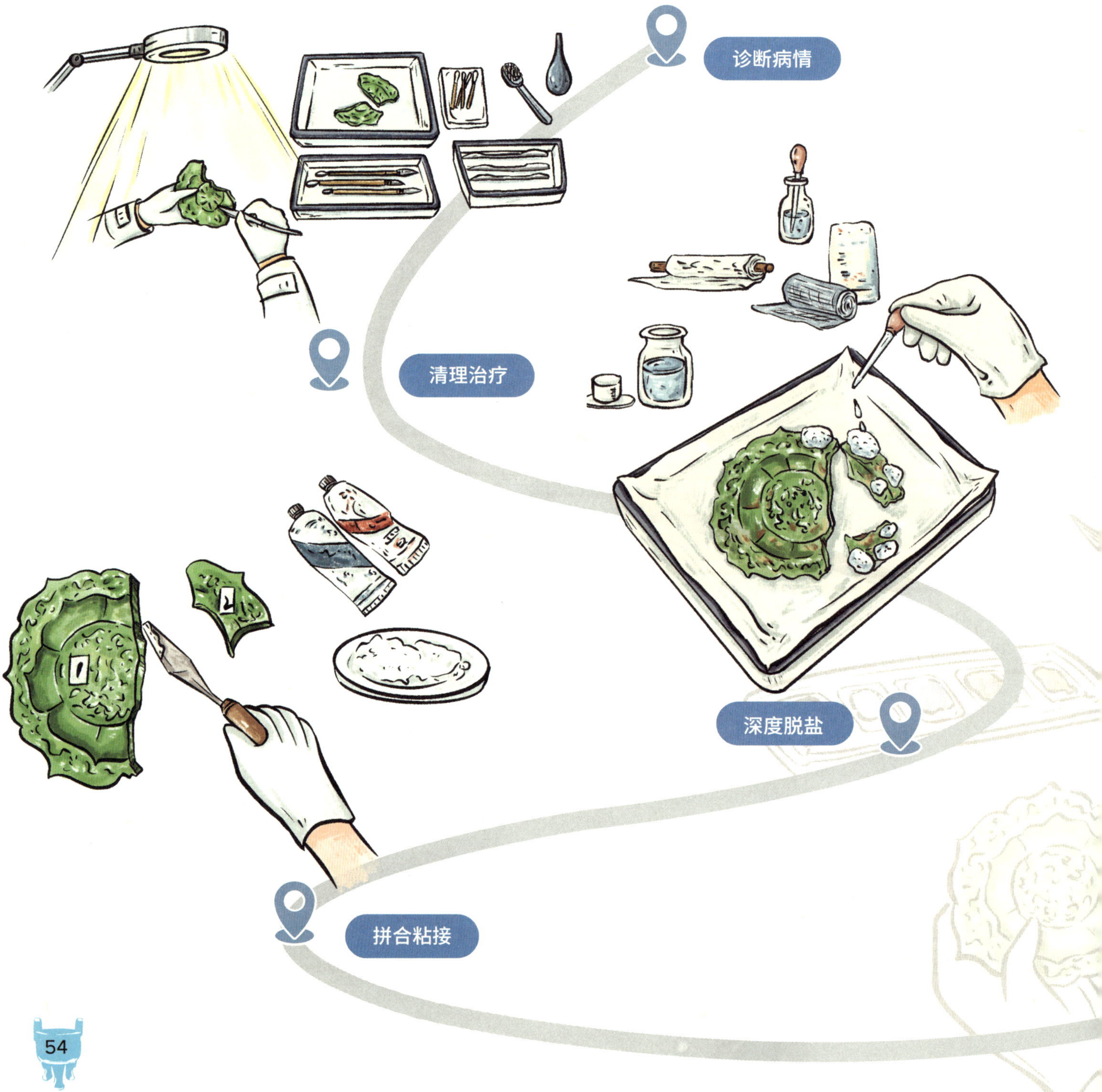

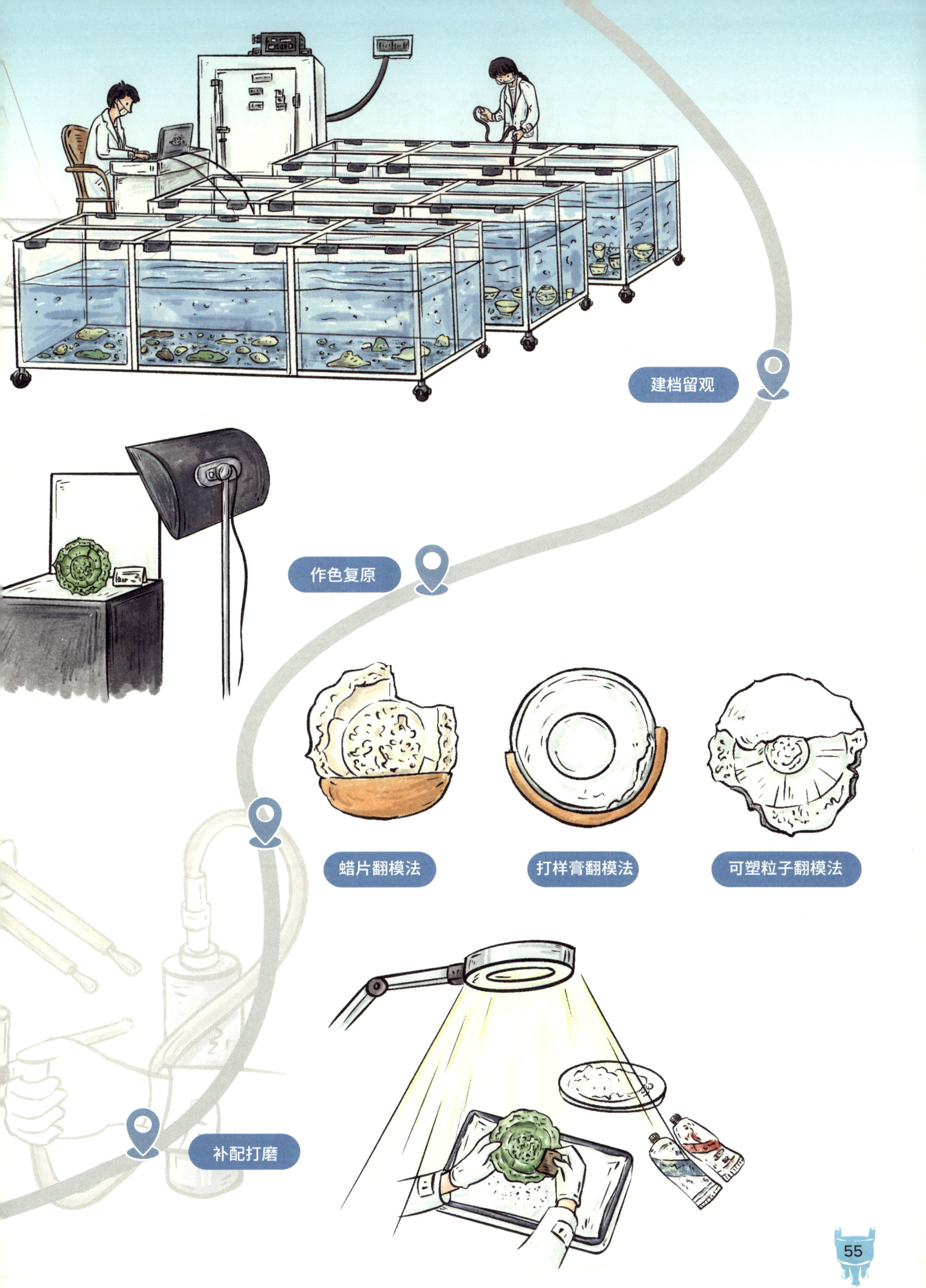
建档留观
作色复原
蜡片翻模法
打样膏翻模法
可塑粒子翻模法
补配打磨

东莞鸦片战争博物馆

——烽火连天，警钟长鸣

鸦片战争博物馆，亦称虎门林则徐纪念馆及海战博物馆，是国家一级博物馆。该馆兼具纪念意义与遗址特色，管理面积约 80 万平方米。鸦片战争博物馆的历史可追溯至 1957 年，最初以“林则徐纪念馆”命名。1958 年 1 月 1 日，林则徐公园与林则徐纪念馆落成并对外开放。1985 年，该馆更名为虎门林则徐纪念馆，同时采纳了“鸦片战争博物馆”这一名称。1999 年 12 月，海战博物馆正式开放，与鸦片战争博物馆、虎门林则徐纪念馆合并为单一机构。

我的博物馆笔记

鸦片战争博物馆

英文名：The Opium War Museum

地址：广东省东莞市虎门镇解放路 88 号

开放时间：8:30~17:30

门票：免费

馆藏精品：清鸦片烟具套装

参观路线：虎门林则徐纪念馆——海战博物馆——沙角炮台——威远炮台

精彩看点：涉及销烟池的木桩、木板；林则徐手书的对联、条幅；抗英时用过的武器；当年从英军那里缴获的洋枪、洋炮等珍贵的实物资料

我的心情：激动而庄重。当我踏进东莞鸦片战争博物馆的那一刻，仿佛能听到历史的回声，感受到那个时代的风云变幻。每一件展品都像是时间的使者，向我诉说着那段不平凡的岁月！

虎门销烟

《虎门销烟》展览构成了鸦片战争博物馆的核心展示。最初的展览《林则徐与鸦片战争史实》于 1989 年落成，但随着时间的流逝，它已不再能满足现代观众的参观需求。更新后的展览于 2011 年 6 月 24 日正式开放，拥有 2500 平方米的展示空间，450 米的展线长度，以及 209 套展出文物和 324 幅历史图片。

清犀牛角鹤顶骨鸦片烟枪

1620 年款欧洲银质五件套茶具

清愁城十二景四屏连环画

中华民国十一年（1922 年），陈乐琴创作了名为“愁城十二景”的四屏连环画。通过十二幅画面，生动地描绘了一位富家子弟因沉迷鸦片而家道中落，最终沦为乞丐的悲惨历程。该作品深刻揭示了鸦片对个人及其家庭的毁灭性影响，旨在警示世人，呼吁那些沉溺于毒品的人早日摆脱毒瘾。

清铜版画《鸦片烟鬼》

这幅铜版画由英国画家创作。描述的是福建、广东等地的鸦片烟馆里的场景。

清“吉祥”款太少狮钮象牙烟盒

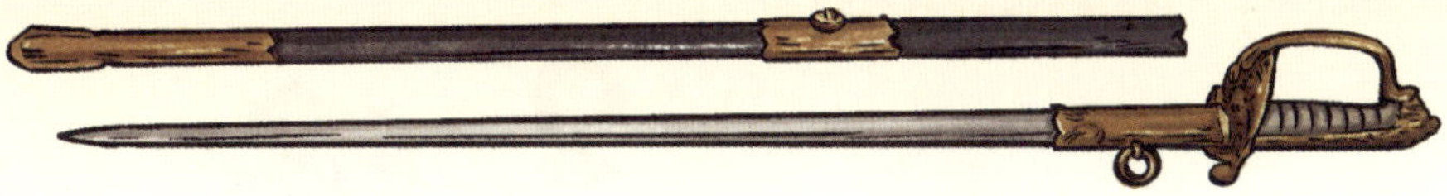

十九世纪末东印度公司佩刀

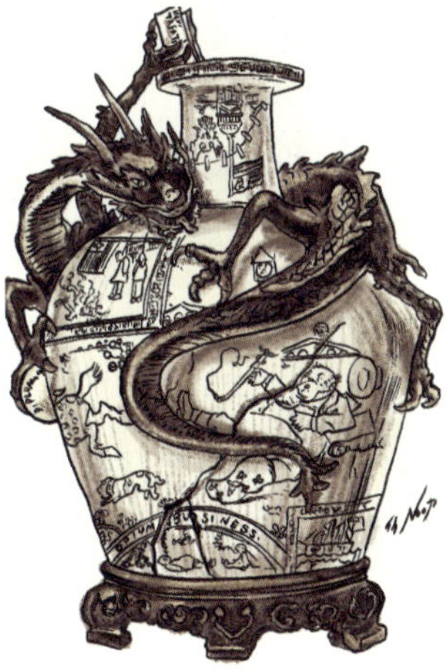

漫画《龙之国》

这是美国画家的作品，他用瓷器代表中国，瓷器上的龙象征着当时的大清王朝。

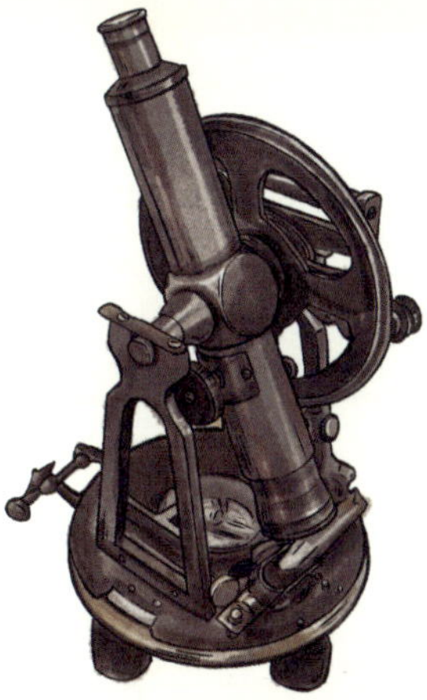

19 世纪英国皇家海军船用航海仪

19 世纪船用航海罗盘

英国制单筒四节望远镜

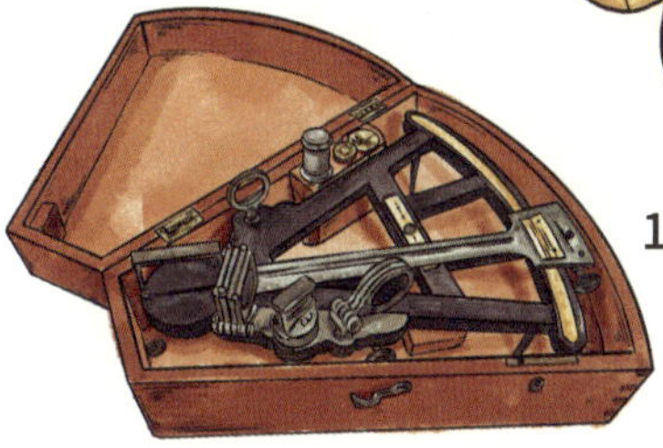

19 世纪航海六分仪

林则徐字画馆中展示了大量林则徐书画作品。

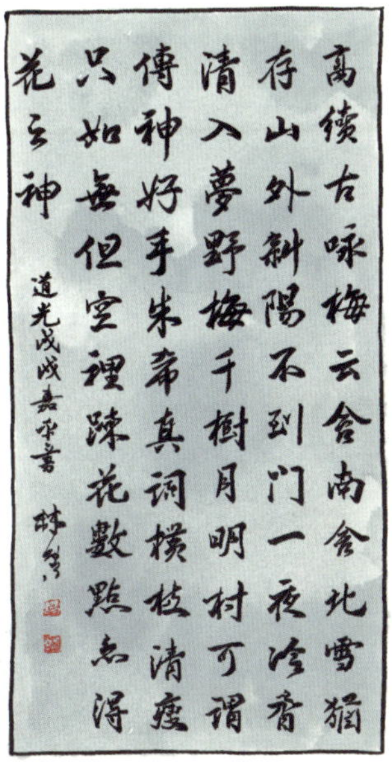

林则徐行书轴

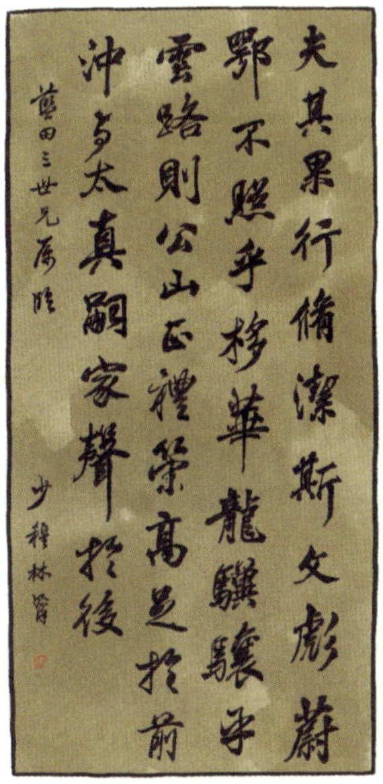

林则徐赠蓝田行书轴

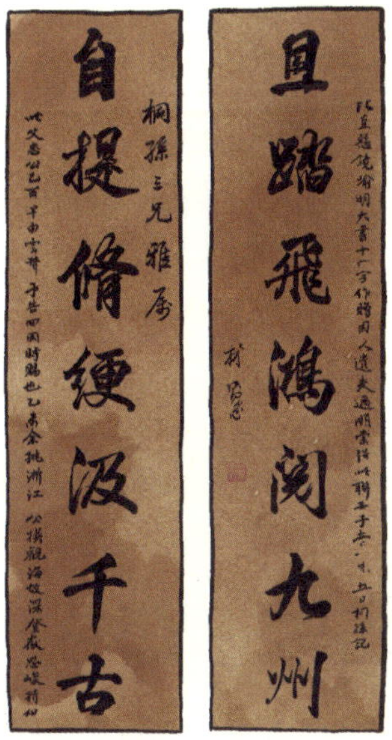

林则徐赠桐孙七言对联

林则徐赠仁圃八言对联

旧址——销烟池和炮台

在清道光十九年（1839 年），清朝钦差大臣林则徐构筑了销烟池，并亲自指挥销毁了大量收缴的鸦片。次年，即清道光二十年（1840 年），英国在广东发起了侵略中国的鸦片战争。紧接着在清道光二十一年（1841 年）2 月 25 日，英军对虎门发动了攻击，广东水师提督关天培等人率领部队进行了英勇的抵抗。

鸦片战争期间，沙角炮台与大角炮台是虎门海口的第一道防线。在抗击外来侵略的战争中，沙角炮台写下了许多可歌可泣的英雄业绩和悲壮故事。

大角炮台

威远炮台

威远炮台位于东莞市亚娘鞋岛南山左脉山腰。炮台上炮位十二个，安放生铁炮十二门；炮洞石砌，台面垛口均为砖砌。为加强海防力量，邓廷桢、关天培等人在原台前海滩上加筑三合土月台一座，面宽六十丈，炮位增至四十个，是为威远月台（威远炮台）。对游人开放的威远月台是第二次鸦片战争后重修的炮台，有二十六个土炮位和三个洋炮位以及短距离射击的枪眼。

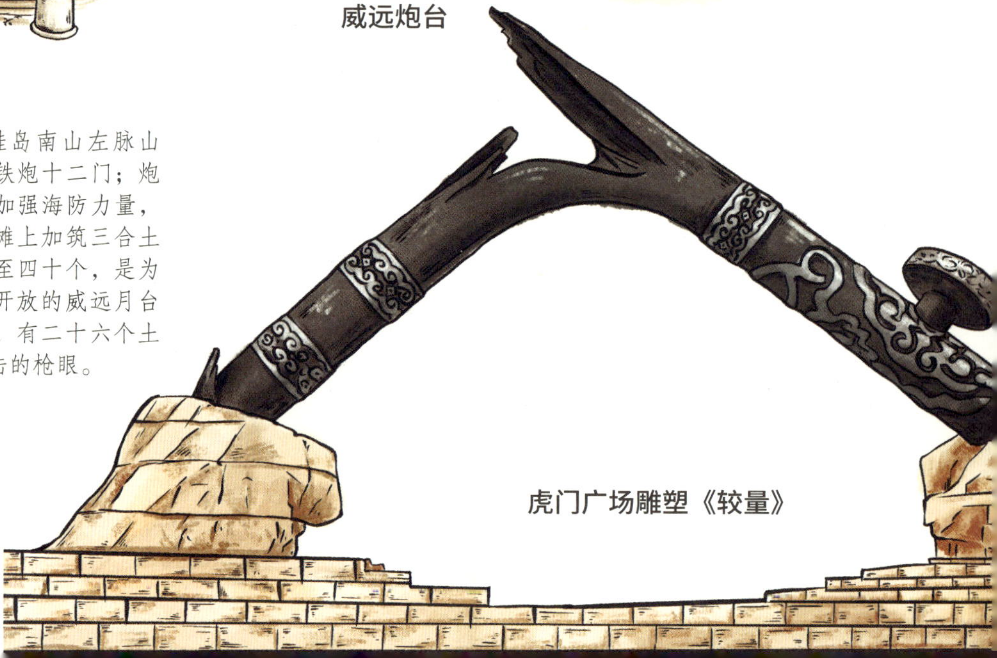

虎门广场雕塑《较量》

鸦片烟具馆

清子安制款寿字纹烟膏盒

晚清铜鸦片烟具

清晚期富贵寿考刻花铜烟灯

清晚期镶铜粉彩龙纹瓷烟灯

鸦片战争相关文物馆

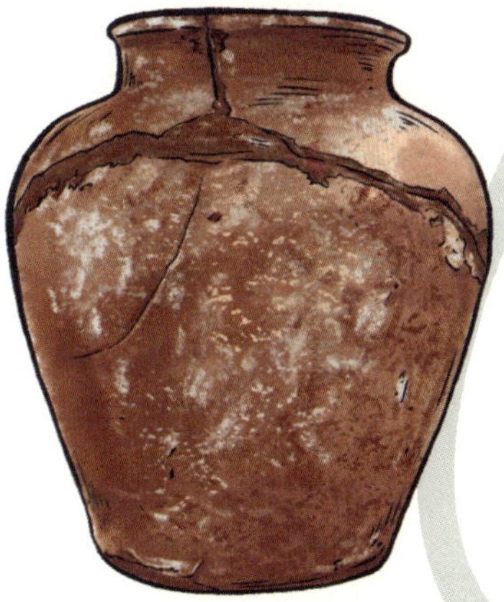

鸦片战争时期虎门保卫战中牺牲的清军官兵骨灰陶罐

1841 年 2 月 26 日，英军进攻虎门的第二道防线上横档岛炮台。守台将士大部分以身殉国。1885 年，虎门军民将这些忠勇之士的骸骨迁至横档岛山边筑坟安葬，题为“义勇之冢”。

鸦片战争期间虎门炮台军民抗击英军使用的火药埕

火药埕用于贮存火药，小口，用于防潮，鸦片战争期间发挥了重要作用。

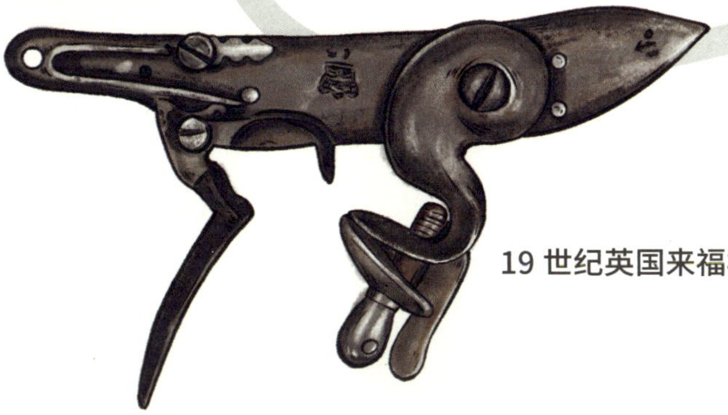

19 世纪英国来福枪扳机

外国造前膛铁炮

清黑漆金角形木火药罐

广东小众又有趣的博物馆

广州神农草堂中医药博物馆

广州神农草堂中医药博物馆是中国首个将“自然”与“文化”融合在一起的中医药博物馆。该馆采用园林式布局，以“堂中有园，园中有宫，宫中有馆”的设计理念，巧妙地将中医药的历史文化陈列与原生态中草药种植相结合，全面展示了中医药文化的深厚底蕴。博物馆内设有中华医药园和岭南医药园两个主题园区，通过雕塑、图片、标本或仿制品、文字等多种形式，以及百余种不同种植方式的天然药草，综合呈现了中华中医药、岭南中医药、中医养生、青蒿抗疟等中医药文化的丰富内涵。

广东环亚美容化妆品博物馆

广东环亚美容化妆品博物馆，作为全球首个专注于中国美容化妆品历史的博物馆，展示了中国美容化妆的丰富历史。其展览内容涵盖了六大板块：中国美容化妆史概述、历代化妆风格、历代发式演变、历代化妆品与妆具、新中国美容化妆发展，以及化妆品示范体验区。

顺德香云纱博物馆

又名天意莨园，是国家非物质文化遗产莨绸保护基地，建筑外观酷似一颗被剖开的薯莨果。步入其中，你会见到众多悬挂着的香云纱布料，不仅可以近距离观察香云纱的“诞生”过程，还能亲身体验浸染、扎染等香云纱制作步骤。

中国民间金融博物馆

中国民间金融博物馆是国内首个以民间金融为主题的博物馆。馆内展示了民间金融的实物和历史文献，通过多种方式展示了中国民间金融的发展历程，强调了近代广州在民间金融业的领导地位。

东莞自梳女陈列馆

东莞自梳女陈列馆原为义和堂“十姊妹”屋，经过修缮改造，分为两层，占地约 150 平方米。修缮后的陈列馆保留了老房子的青砖和木结构特色。馆内收藏了丰富的自梳女遗物，共展出近 200 件，涵盖了生活用品、珠宝饰品、书信文件、房产证明等。展品中包括了常平自梳女周月笑的义和堂账簿、笔记本、外国签证申请表，以及黄江自梳女余王施归国时所用的皮箱等珍贵物品。

在清朝晚期至民国时期，珠三角地区出现了一群独特的女性：她们模仿已婚妇女的发式，自行盘起头发，象征着她们决心终身不嫁，自称为“自梳女”。为了确保晚年有所依靠，这些自梳女通常会联合出资，建造所谓的“十姊妹”屋，亦称 “姑婆屋”，以便共同生活，避免孤独终老。

汕头臻宝博物馆

臻宝博物馆是汕头珠宝商家的私人博物馆，位于汕头海边，以首饰盒为博物馆外形设计灵感来源。博物馆 2023 年底才刚开业，目前还在试运营阶段。以“价值连城的藏品”展示中国传统首饰之美，非物质文化遗产花丝镶嵌制作技艺是展览亮点。

潮州嵌瓷博物馆

嵌瓷博物馆位于金石镇湖美村，占地约 4600 平方米，建筑面积约 2000 平方米。馆内设有馆史室一间，展厅四间，创作区一个，休闲区一个，是一座极具潮汕特色的博物馆。基本陈列有两个，分别为《二十四孝》和《妈祖故事》。博物馆致力于创新嵌瓷文化，把“屋脊上的艺术”搬下来，让更多的人了解潮州独特的嵌瓷文化。

珠海普济艺术博物馆

珠海市普济艺术博物馆致力于收藏各类珍贵的艺术品和文物，通过专业的研究团队对这些藏品进行深入的学术研究，以期揭示它们背后的历史和文化价值。

主编介绍

朋朋哥哥，本名张鹏，青少年博物馆教育推广人，“耳朵里的博物馆”创始人，北京郭守敬纪念馆执行馆长，中国博物馆协会青年工作委员会常委，北京青联常委，北京少工委委员，北京市西城区政协委员。著有少儿文博类图书、翻译图书十多部，先后获首届全国红色故事讲解员大赛志愿组金牌讲解员、全国文化遗产保护宣传讲解大赛志愿者组第一名、讲好文物故事杰出个人、北京青年五四奖章、全国向上向善好青年等荣誉。出版有面向青少年的《宫·城——写给孩子的紫禁城》《博物馆里的中国——发现绝妙器皿》等图书6部，翻译博物馆主题童书3部。致力于为孩子们做最专业的博物馆公共教育推广工作，相信“知识需要传递才更有力量”，感染了无数父母和孩子。

朋朋

图书在版编目（CIP）数据

广东的博物馆 / 朋朋哥哥主编 . -- 海口 : 南方出版社 , 2025. 4. -- (和孩子一起爱上博物馆). -- ISBN 978-7-5501-9548-6

Ⅰ . G269.276.5-49

中国国家版本馆 CIP 数据核字第 2025GL2672 号

GUANGDONG DE BOWUGUAN

广东的博物馆

朋朋哥哥 / **主编**　王雨涵 / **文**　颜苗苗 陈羽 / **绘**

总 策 划： 天下文化
责任编辑： 代鹤明
版式设计： 刘洪香
出版发行： 南方出版社
地址： 海南省海口市和平大道 70 号
电话：（0898）66160822
传真：（0898）66160830
经销： 全国新华书店

印刷： 鸿博睿特（天津）印刷科技有限公司
开本： 889mm×1194mm　1/16
字数： 80 千字
印张： 4
版次： 2025 年 4 月第 1 版第 1 次印刷
书号： ISBN 978-7-5501-9548-6
定价： 39.90 元